商务部国际贸易经济合作研究院国家高端智库丛书

政府债务与经济增长：
非线性效应及双向因果关系研究

赵新泉　著

中国商务出版社
·北京·

图书在版编目（CIP）数据

政府债务与经济增长：非线性效应及双向因果关系
研究／赵新泉著．--北京：中国商务出版社，2024.9
（商务部国际贸易经济合作研究院学术文丛）
ISBN 978 - 7 - 5103 - 5138 - 9

Ⅰ．①政…　Ⅱ．①赵…　Ⅲ．①国债-影响-经济增长
-研究-中国　Ⅳ．①F124.1②F810.5

中国国家版本馆 CIP 数据核字（2024）第 075696 号

政府债务与经济增长：非线性效应及双向因果关系研究
赵新泉　著

出版发行：中国商务出版社有限公司
地　　址：北京市东城区安定门外大街东后巷 28 号　邮编：100710
网　　址：http://www.cctpress.com
联系电话：010 - 64515150（发行部）　　010 - 64212247（总编室）
　　　　　010 - 64515210（事业部）　　010 - 64248236（印制部）
责任编辑：李鹏龙
排　　版：北京嘉年华文图文制作有限公司
印　　刷：北京建宏印刷有限公司
开　　本：710 毫米×1000 毫米　1/16
印　　张：14.5　　　　　　　　　字　　数：225 千字
版　　次：2024 年 9 月第 1 版　　　印　　次：2024 年 9 月第 1 次印刷
书　　号：ISBN 978 - 7 - 5103 - 5138 - 9
定　　价：88.00 元

总　序

　　商务部国际贸易经济合作研究院（以下简称研究院）从 1948 年 8 月创建于中国香港的中国国际经济研究所肇始，历经多次机构整合，已经走过七十多年的辉煌岁月。七十多年来，研究院作为商务部（原外经贸部）直属研究机构，始终致力于中国国内贸易和国际贸易、对外投资和国内引资、全球经济治理和市场体系建设、多双边经贸关系和国际经济合作等商务领域的理论、政策和实务研究，并入选第一批国家高端智库建设试点单位，在商务研究领域有着良好的学术声誉和社会影响力。

　　商务事业是经济全球化背景下统筹国内、国际双循环的重要枢纽，在我国改革开放、经济社会发展和构建新发展格局中发挥着重要作用。新时期经济社会的蓬勃发展对商务事业及商务领域哲学社会科学事业的理论、政策和实务研究提出了更高的要求。近年来，研究院在商务部党组的正确领导下，聚焦商务中心工作，不断推进高端智库建设，打造了一支学有专攻、术有所长的科研团队，涌现出了一批学术精英，取得了一系列有重要影响力的政策和学术研究成果。

　　为了充分展示近年来研究院国家高端智库建设所取得的成就，鼓励广大研究人员多出成果、多出精品，经过精心策划，从 2021 年开始，研究院与中国商务出版社合作推出研究院"国家高端智库丛书"和"学术文丛"两个系列品牌出版项目，以支持研究院重大集体研究成果和个人学术研究成果的落地转化。

　　首批列入研究院"国家高端智库丛书"和"学术文丛"出版项目

的作者，既有享受国务院政府特殊津贴的专家，也有在各自研究领域内勤奋钻研、颇具建树的中青年学者。将他们的研究成果及时出版，对创新中国特色社会主义商务理论、推动商务事业高质量发展、更好服务商务领域科学决策都有着积极意义。这两个出版项目体现了研究院科研人员的忠贞报国之心、格物致知之志，以及始终传承红色基因、勇立时代潮头的激情与责任担当。

我相信，未来一定还会有更多研究成果进入"国家高端智库丛书"和"学术文丛"。在大家的共同努力下，"国家高端智库丛书"和"学术文丛"将成为研究院高端智库建设重要的成果转化平台，为国家商务事业和商务领域哲学社会科学研究事业作出应有的贡献。

值此"国家高端智库丛书"和"学术文丛"出版之际，谨以此为序。

商务部国际贸易经济合作研究院
党委书记、院长
顾学明
2022 年 8 月

前　言

长期以来，政府债务与经济增长之间的关系一直是宏观经济学领域研究的热点。从"李嘉图等价定理"到凯恩斯的短期赤字财政，再到Diamond（1965）主张的债务"负向效应论"，三种代表性观点无不论证着政府债务对经济增长的影响。近年来，世界主要经济体的政府债务水平迅速上升，"高债务"甚至成为不少经济体政府的"新常态"。2008年国际金融危机和2009年欧债危机相继爆发后，政府债务与经济增长问题更是引起了世界各国政策制定者、专家学者和业界人士的广泛关注。在2008年国际金融危机和随后欧债危机的冲击下，全球各国经济增长乏力，为遏制经济下滑的颓势纷纷实施扩张性的财政政策，结果导致财政赤字率在短期内急剧攀升。不少经济学家对当前不断上升的政府债务表示深刻担忧，并对政府债务短期刺激的有效性进行了深入研究。2010年，Reinhart和Rogoff的研究表明，政府债务与经济增长之间的关系并不是线性的，而是存在非线性效应。当政府债务与GDP之比低于90%时，政府债务与经济增长之间没有显著的相关性；但当政府债务与GDP之比高于90%时，继续增加政府债务则会对经济增长产生不利影响。Reinhart和Rogoff（2010a，b）的债务"阈值论"引发了学术界对政府债务与经济增长关系的重新思考。2020年，突如其来的新冠疫情引起了全球经济的严重衰退。为应对疫情的冲击，各国政府纷纷施行大规模的财政刺激政策和救助措施，导致公共债务激增。正是在现实经济增长面临困境和学者广泛关注的背景下，本书选取政府债务与经济增长的关系作为研究对象，不但有重大的理论价值和学术研究价值，而且也具有非常重要的现实意义。

本书研究的问题主要有四个：

第一，政府债务与经济增长之间在理论上是否存在一个临界值？

第二，从债务规模的实证角度看，政府债务对经济增长的影响是否存在非线性效应？如果存在，那么具体的债务阈值是多少？不同收入水平经济体的政府债务阈值是否存在显著差异？

第三，从债务结构的实证视角来看，政府内债和外债对经济增长的影响是否存在非线性效应？如果存在，相应的政府内外债阈值是多少？

第四，政府债务与经济增长之间是否存在双向因果关系？经济增长是否能显著削减政府债务水平？

为解决上述问题，本书的内容主要分为四部分：

第一部分，基于世代交叠模型和引入生产性公共投资的内生增长框架推导出政府债务与经济增长之间存在非线性效应。

第二部分，在理论研究的基础上，从债务规模角度实证检验政府债务影响经济增长的非线性效应。在这一部分，本书运用跨国面板数据估算了总体样本、欧元区和 G7 国家、新兴经济体的政府债务对经济增长影响的转折点并比较其债务转折点的差异。

第三部分，基于债务结构实证视角探讨政府内外债变化对经济增长的非线性效应。

第四部分，以跨国面板数据为样本，基于人均 GDP 的分类标准，运用面板向量自回归（面板 VAR）模型分析了政府债务与经济增长之间的双向因果关系。

本书通过上述的理论研究和实证分析得出以下五点结论：

第一，政府债务影响经济增长的非线性机制表明，政府债务对经济增长的影响在理论上存在一个临界值，政府债务与经济增长之间存在非线性关系。

第二，政府债务对经济增长既存在短期效应又存在长期效应，可能的影响机制包括总储蓄机制、生产性公共投资机制、人力资本传导机制及利率传导机制。

第三，基于债务规模视角的实证结果表明，总体样本国家的政府债务转折点为95.56%～102.68%，但是政府债务的非线性效应在欧元区和G7国家、新兴经济体之间存在显著的差异。欧元区和G7国家的政府债务转折点位于111.42%～128.37%，而新兴经济体的政府债务阈值在92.69%～110.68%，欧元区和G7国家政府对债务的承受能力明显高于新兴经济体。

第四，基于债务结构视角的实证分析表明，对于总体债务而言，总体样本、高收入国家及中等收入国家总体债务对经济增长的影响存在非线性效应，而且债务阈值点均处于105%～120%，但是低收入国家总体债务的非线性效应并不明显。对于政府外债而言，高收入国家和低收入国家政府外债与经济增长之间仅存在线性正相关关系，而中等收入国家政府外债对经济增长的影响存在非线性效应，且阈值点处于115.11%～122.43%。对于政府内债而言，中等收入国家政府内债对经济增长的影响仍存在非线性效应，且债务阈值点处于106.32%～117.37%，高收入国家政府内债与经济增长之间存在线性负相关关系，但低收入国家政府内债增加对经济增长的影响并不存在稳定的线性与非线性关系。

第五，双向因果关系的检验结果表明，无论是对于总体样本，还是对于高收入国家和低收入国家两个分类样本而言，政府债务与经济增长之间均存在双向因果关系。采用脉冲响应函数进一步分析还发现，当经济增长受到政府债务冲击时，高收入国家和低收入国家均呈现先递增后递减的趋势，但低收入国家在短期内会迅速出现反转现象；当政府债务受到经济增长冲击时，高收入国家和低收入国家政府债务的响应路径在长期均呈递减趋势。

Reinhart 和 Rogoff（2010a，b）的研究表明，政府债务规模不能无限期增加，当政府债务规模超过其债务阈值点时，政府债务继续增加将会阻碍经济增长，因此采取一些宏观经济政策削减政府债务规模，使政府债务水平维持在合理区间实属必然。首先，采取一些财政政策来削减政府债务，如通过适度的前期调整确定财政信用、建立稳固的财政制度安排、调整财政收支结构等。其次，为削减政府债务水平可采取与财政政策相配套的货币政策，如当财政紧缩开始拖累经济增长时，货币当局应向市场注入充足的流动性以确保政策利率维持在较低水平；健全和完善基础货币的投放机制，确保各类银行能平等获得流动性。最后，相关部门还可以通过出售部分国有资产、实施非预期的通货膨胀，以及结构性改革等举措不断降低政府债务水平，从而促进经济可持续增长。

目　录

图 目 录

表 目 录

第一章 绪 论

长期以来，政府债务与经济增长的关系一直是学术界和政策制定者关注的重要议题。尤其是在过去的 40 多年里，因受全球金融危机、财政支出激增及税收收入降低等因素的影响，世界主要经济体的政府债务规模急剧攀升，政府债务成为影响各经济体经济增长的重要因素，甚至成为不少经济体经济发展的"新常态"。因此，探究政府债务与经济增长二者之间的关系也成为经济学界不可回避的重要话题。特别是自 2008 年国际金融危机及其随后的欧债危机爆发以来，政府债务与经济增长这一宏观经济学研究的核心议题更是引起了理论界和市场业界人士的广泛关注。

第一节 研究背景和意义

一、研究背景

2008 年国际金融危机爆发后，面对突如其来的"大衰退"，世界各经济体为应对经济增速下滑而纷纷采取积极的财政政策和宽松的货币政策以刺激经济的平稳增长，结果发达国家和新兴市场国家的政府赤字率、政府负债率急剧攀升。2023 年 10 月，国际货币基金组织（IMF）发布的《世界经济展望》（World Economic Outlook）数据显示，2007 年发达经济体一般政府赤字率为 1.20%，到 2009 年这一指标竟飙升至 8.60%。尽管发达经济体 2010 年后总体赤字率有所回落，到 2018 年下降至 2.40%，但仍远高于 2008 年国际金融危机前的赤字水平。发达经济体一般政府债务总额/GDP 由 2008 年的 77.74% 跃升至 2019 年的 104.09%，12 年间增长了 26.35 个百分点；同期发达经济体政府净负债规模/GDP 由 53.03% 上升至 74.80%，增长了 21.77 个百分点。其中，欧元区一般政府债务总额与 GDP 之比由 69.39% 跃升至 83.71%，增长了 14.32 个百分点；G7 国家一般政府总体负债率由 88.60% 上升至 118.33%，增长了 29.73 个百分点，增长幅度高于发达经济体的整体水平。新兴市场和发展中国家 2006 年一般政府财政收支处于盈余状态且盈余率为 1.10%，但从 2009 年开始，财政收支由盈转亏，到 2016 年政府赤字率已高达 4.40%。2008—2019 年，新兴市场和发展中国家一般政府债务总额/GDP 由 33.40% 上升至 55.02%，增长了 21.62 个百分点。

2020 年，新冠疫情席卷全球，给各经济体经济增长带来了巨大冲击。为应对疫情冲击和稳定经济增长，世界各经济体纷纷实施积极的财政政策，出台各项经济刺激措施，结果引起政府负债规模新一轮增长"热潮"。2019—2020 年，发达经济体一般政府债务总额与 GDP 之比由 104.09% 上升至 122.95%，增长了 18.86 个百分点；一般政府净负债规模/GDP 由 74.80% 上升至 86.84%，增长了 12.04 个百分点。从 2021 年开始，发达经济体一般政府总体负债率逐步回落，到 2022 年底已降至 112.28%。其中，欧元区一般政府债务总额/GDP 由 2019 年的 83.71% 增长至 2020 年的 96.78%，同期 G7 国家一般政府债务总额与 GDP 之比则由 118.33% 上升至 140.41%，两类发达经济体分别增长了 13.07 个百分点、22.08 个百分点。新兴经济体和发展中国家的总体债务水平要低于发达经济体。新冠疫情暴发后，新兴经济体和发展中国家一般政府债务总额与 GDP 之比由 2019 年的 55.02% 上升至 64.64%，增长了 9.62 个百分点。

从具体国别来看，2022 年 G7 国家一般政府债务总额/GDP 为

127.99%，远超 60% 的债务警戒线，一般政府净负债规模与 GDP 之比也高达 95.27%。根据表 1-1 可知，2011—2018 年，在 G7 国家中，即使是债务水平最低的德国，其一般政府债务总额占 GDP 的比重也超过了 60%；2010 年，德国一般政府债务总额与 GDP 之比甚至高达 82.00%，远远超出了欧盟《稳定与增长条约》中"公共债务规模占 GDP 的比例应不超过 60%"的规定。日本政府在 G7 国家中的总体债务水平最高。2008 年国际金融危机爆发后，日本政府的债务规模急剧攀升，一般政府债务总额占 GDP 的比重由 2008 年的 180.85% 跃升到 2022 年的 260.08%，成为全球政府债务水平最高的国家。在 2008 年国际金融危机的冲击下，美国的政府负债率持续提升。美国 2008 年一般政府债务总额占 GDP 的比重为 73.41%，高出欧洲债务警戒线约 14 个百分点，但到了 2017 年一般政府总体负债比重已攀升至 106.21%，远超欧洲的债务警戒线，10 年间一般政府总体负债率上升了 32.8 个百分点。2008 年，英国一般政府债务总额占 GDP 比重仅为 49.16%，政府财政运行良好，约低于欧洲的债务警戒线 10 个百分点。但是，在 2008 年国际金融危机爆发后，英国政府的负债规模持续扩大；到了 2017 年，英国一般政府总体负债率高达 85.64%，高出欧洲的债务警戒线近 26 个百分点。2020 年，受疫情冲击，美国、英国一般政府债务总额/GDP 又创新高，分别攀升至 133.50%、104.59%，与 2019 年相比分别增长了 24.75 个百分点、20.10 个百分点。此外，南欧国家由于高福利和低增长，政府财政收支大多处于赤字状态，2008 年国际金融危机的爆发更是"火上加油"，导致其财政状况变得更糟。2008 年国际金融危机爆发时，意大利一般政府总体负债率已高达 106.16%，远高于法国、德国等欧盟国家；到了 2018 年，意大利这一负债比率达到了 134.44%。到 2020 年，意大利一般政府总体负债率已高达 154.93%。高企的债务风险已经成为阻碍意大利经济可持续发展的重要因素。

表1-1　G7国家一般政府债务总额占GDP的比重

单位:%

年份	加拿大	法国	德国	意大利	日本	英国	美国
2008	70.44	68.78	65.68	106.16	180.85	49.16	73.41
2009	81.87	83.04	73.16	116.61	198.81	63.06	86.58
2010	84.02	85.26	82.00	119.20	205.88	73.98	95.14
2011	84.35	87.84	79.42	119.69	219.16	79.78	99.48
2012	87.19	90.60	80.75	126.50	226.09	83.09	103.04
2013	87.61	93.41	78.32	132.46	229.46	84.06	104.54
2014	85.54	94.89	75.28	135.37	233.29	86.07	104.54
2015	92.03	95.58	71.95	135.28	228.29	86.66	105.13
2016	92.40	97.96	69.00	134.79	232.43	86.57	107.16
2017	90.94	98.13	65.21	134.16	231.32	85.64	106.21
2018	90.78	97.78	61.91	134.44	232.39	85.15	107.44
2019	90.21	97.43	59.55	134.15	236.43	84.49	108.75
2020	118.87	114.65	68.75	154.93	258.61	104.59	133.50
2021	115.07	112.96	68.96	149.89	255.07	105.16	126.42
2022	107.38	111.80	66.11	144.41	260.08	101.86	121.31

数据来源：IMF《世界经济展望》，2023年10月。

新兴经济体虽然一般政府债务总额要低于G7国家的水平，但是政府负债上升速度较快，给经济平稳运行带来的债务风险不容忽视。由表1-2可以看出，在金砖五国中，印度和巴西的政府债务水平比较高，俄罗斯的政府债务水平最低，中国和南非一般政府总体负债率虽未超出债务警戒线，但是近年来增长速度较快。2008—2022年，印度和巴西一般政府债务总额占GDP的比重几乎均超过60%。俄罗斯虽然一般政府总体负债水平在金砖五国中是最低的，但近年来因受到油价下跌和出口不振的影响，政府债务增长速度最快。俄罗斯2008年一般政府总体负债比率仅为7.45%，但是到了2017年这一比率已攀升至14.31%，十年间一般政府总体负债率增长了6.86个百分点，同时期巴西、中国及南非的一般政府负债比率分别增长了21.33个百分点、27.79个百分点、24.54个百分点，而印度一般政府总体负债比率却微降了 3.17 个百分点。除此之外,2008—2021 年,虽然印度尼西亚和泰国一般政府总体负债率均处在欧洲债务警戒线以下,但是近些年泰国政府债务水平上升较快,2022 年一般政府总体负债比率达 60.54%,一度超过欧洲债务警戒线。

表 1-2 主要新兴市场国家一般政府债务总额占 GDP 的比重

单位:%

年份	中国	印度	巴西	俄罗斯	南非	泰国	印度尼西亚
2008	27.16	72.84	61.42	7.45	24.05	34.95	30.25
2009	34.57	71.52	64.70	9.92	27.00	42.36	26.48
2010	33.92	66.40	62.43	10.11	31.19	39.83	26.36
2011	33.77	68.65	60.63	10.34	34.74	39.12	23.11
2012	34.39	67.99	61.61	11.17	37.41	41.93	22.96
2013	37.04	67.71	59.60	12.35	40.36	42.19	24.88
2014	39.97	67.10	61.62	15.14	43.25	43.34	24.68
2015	41.49	69.05	71.73	15.29	45.20	42.56	27.01
2016	50.70	68.94	77.42	14.85	47.13	41.75	27.96
2017	54.95	69.67	82.75	14.31	48.59	41.78	29.40
2018	56.66	70.39	84.78	13.62	51.54	41.94	30.42
2019	60.40	75.04	87.12	13.75	56.10	41.06	30.56
2020	70.14	88.53	96.01	19.16	68.86	49.43	39.75
2021	71.84	83.75	90.07	16.46	68.80	58.40	41.14
2022	76.98	81.02	85.33	18.89	71.12	60.54	40.14

数据来源:IMF《世界经济展望》,2023 年 10 月。

在 2008 年国际金融危机的冲击下,全球经济增速一度出现急剧下滑。2023 年 10 月,IMF 发布的《世界经济展望》数据显示,2008 年世界经济实际 GDP 增长率为 3.09%;而到了 2009 年,世界经济实际 GDP 增长率由正转负,降至 -0.12%。为刺激本国经济的可持续增长,世界主要经济体纷纷采取了积极的财政政策,全球经济增长呈现出缓慢复苏的迹象。2010—2018 年,世界经济实际 GDP 增长率均保持在 3% 以上。发达经济体、新兴市场和发展中国家在 2008 年国际金融危机的冲击下,实际 GDP

增长率均表现出一定程度的下降，危机过后经济复苏的进程非常缓慢。2007年，发达经济体实际GDP增长率为2.7%，到2009年已下降至-3.4%，此后实际GDP增长率大多在1.5%左右。新兴市场和发展中国家实际GDP增长率在2007—2019年由8.4%下降至3.6%。尽管积极的财政政策在一定程度上遏制了一些国家经济下滑的颓势，但是债务的过度扩张并非灵丹妙药，如果一国政府的债务规模已经超出了该国政府的债务承受能力，那么这将对该国经济的可持续健康发展带来巨大的宏观经济风险。因此，公共债务是否可持续？如何将政府债务规模控制在一定范围内的同时保持经济的可持续增长？当然，债务水平的上升并不意味着债务风险一定会爆发从而引发债务危机，债务水平低也并不意味着没有发生债务危机的可能性。债务危机是否会发生还取决于经济结构、债务增长速度以及政府的债务管理能力等因素。因此，如何削减政府债务规模和加强债务管理也是本书研究和需要解决的重要问题之一。

与发达经济体和其他新兴市场国家的公共债务水平相比，我国的政府债务水平相对较低，政府债务管理及时到位，债务风险总体可控。但是，近年来我国经济增长正处于换挡期，已由高速增长阶段转向中高速增长阶段，总体政府债务增速较快。为刺激宏观经济增长，我国部分地方政府依靠大量发债来拉动投资以促进经济平稳增长，导致地方政府债务规模急剧攀升，债务雪球越滚越大，引起了决策层和社会各界的广泛关注。此外，随着城镇化战略的实施和城市化进程的推进，各级地方政府为完善城市基础设施建设，规划了众多大型的基建项目，因此有巨大的融资需求。然而，由于受到《中华人民共和国预算法》的约束，地方政府债务发行额度存在诸多限制，再加上地方可投入的财政资金相对较少，所以地方政府面临严峻的融资"瓶颈"。在此情形下，各级地方政府纷纷设立具有独立法人资格的融资平台，并且借助融资平台获得银行贷款、发行债券或各类信托产品，不仅规避了法律法规的约束，而且缓解了地方城市建设的融资"瓶颈"。2008年国际金融危机爆发后，我国地方经济增速放缓，部分城市房地产价格急剧下降，土地财政收入锐减，为获得更多基础设施建设项目的资金，地方政府融资平台数量和债务规模急剧攀升。2015—2022 年，我国地方政府债务余额由 14.76 万亿元攀升至 35.07 万亿元，8 年间地方政府债务增加了 20.31 万亿元。其中，一般债务余额由 9.26 万亿元攀升至 14.40 万亿元，增加了 5.14 万亿元；专项债务余额由 5.49 万亿元攀升至 20.67 万亿元，增加了 15.18 万亿元①。从我国经济发展水平、政府债务现状以及资产负债的关系来看，我国政府当前的债务风险总体上是可控的，但仍存在诸多隐患。例如，部分地方政府对土地出让收入的依赖程度较高，一些地方和单位利用城投公司等投融资平台违规融资，隐性债务风险大。由此可见，我国地方政府仍面临巨大的债务风险，如果不对此加以科学管理，那么其对我国经济的可持续发展和供给侧结构性改革将会产生严重的不良影响。总体而言，当前我国地方政府债务的管理缺乏有效的法律基础，但是又是广泛和持续存在的客观事实。不可否认的是，地方政府债务资金在弥补地方财政收入不足、应对自然灾害和推进城市化建设等方面发挥了重要作用，但也存在融资不规范、债务监管机制缺失和融资平台运行不透明等问题。由此可以得出，虽然我国政府的总体负债水平比较低，但是近年来地方政府债务规模急剧飙升，整体政府债务风险仍不容小觑。

二、研究意义

（一）理论意义

研究政府债务与经济增长二者之间关系具有重要的理论意义，主要体现在以下四个方面。

第一，构建了政府债务与经济增长关系新的理论分析框架。本书基于世代交叠模型的非线性理论机制和引入生产性公共投资的内生增长框架，从理论层面论证了政府债务与经济增长之间存在非线性效应，并且系统梳

---

① 数据来源于中国地方政府债券信息公开平台：https://www.celma.org.cn/ndsj/index.jhtml。

理了政府债务影响经济增长的机理和传导路径，为政策的制定和实施提供了有效的理论分析视角。

第二，从债务结构新视角研究了政府债务与经济增长之间的关系。基于 2008 年国际金融危机爆发后全球主要经济体债务高企和我国地方政府债务风险扩大的事实，本书从债务规模和债务结构两个重要的维度重点研究政府债务与经济增长之间的非线性关系，发现了全球主要经济体如新兴经济体、欧元区和 G7 国家的政府债务转折点，比较了不同经济体债务拐点的差异并深入探究了债务转折点存在差异的原因。

第三，全面分析了政府债务与经济增长之间的双向因果关系。不管是从债务规模还是从债务结构的视角来分析政府债务对经济增长的非线性效应，均考察的是政府债务对经济增长的单向影响，忽略了经济增长对政府债务可能产生的反作用。因此，本书基于面板 VAR 模型探讨了政府债务与经济增长之间可能存在的双向联系，尤其是两者之间的双向因果关系。

第四，丰富了削减政府债务的政策工具箱。2008 年国际金融危机爆发后，由于许多国家的政府部门主要通过债务投资来维持经济增长，政府债务的快速增长似乎已成为一种"新常态"。不言而喻，债务不可能无限增长，当积累到一定程度必将会给世界各经济体带来巨大的宏观经济风险甚至是灾难。在政府债务增长呈现"新常态"的情形下，本书提出采用减少财政赤字和化解债务风险的宏观经济政策来削减政府债务规模、提高政府债务管理能力以防范债务风险，为政策制定者提供分析方法和参考建议。

（二）现实意义

研究政府债务与经济增长二者关系的现实意义主要体现在以下两个方面。

第一，就全球经济增长速度而言，2008 年国际金融危机爆发后，全球经济增长的速度放缓，各经济体不约而同地扩大财政赤字，导致政府债务规模高企，给世界经济的复苏和可持续增长带来了巨大的潜在风险。为削减政府债务规模和化解债务风险，避免"大衰退"和欧洲债务危机的再次上演给全球经济增长带来冲击，各经济体应选择适度的财政刺激政策和切实可行的债务管控措施。

第二，从中国经济增长的视角来看，一方面，我国经济发展进入增速换挡期，由高速增长阶段转向高质量发展阶段，不可能再继续以两位数的速度保持高速增长。在新形势下，如果政府不适当提高赤字率以刺激经济增长，那么失业人数将会急剧上升，人民的正常生活和社会秩序将会受到影响。另一方面，我国的经济增长与全球经济联系日益紧密，面对外部的冲击，我国经济也很难独善其身。在全球经济增速放缓的背景下，全球主要经济体大多采取增加财政支出和提高赤字率的举措以刺激经济增长。如果我国不采取积极的财政政策以刺激自身的经济增长，那么我国的经济可能会遭受巨大的外部冲击，甚至进一步引发经济衰退。因此，从这个角度而言，为积极推进供给侧结构性改革和实现经济高质量发展，政府适当增发债券和提高赤字率以促进经济可持续增长也显得尤为必要。

第二节　政府债务的概念界定及性质

一、政府债务的概念界定

（一）政府债务的定义

一般来说，征税、发债、赤字货币化以及直接创办企业是政府融资的主要方式。由于赤字货币化容易引发通货膨胀，不得人心，而直接创办企业收取红利又有与民争利之嫌，所以征税和发债是政府增加财政收入常用的两种手段。政府债务通常的定义是，作为债务人的政府与债权人之间达成的信用交易。政府一旦举借债务，那么就必须按照约定向债权人偿还本金并支付利息。《新帕尔格雷夫货币金融大辞典》对政府债务的定义如下，

"政府债务（国债）是政府方面的一种法律义务。按照规定的时间表，政府应对法定的债券持有者支付利息，并应分期偿还债务。国债是由于政府向个人、公司、社会事业单位及他国政府借款而产生的。借款是一种双边交换的过程，在此过程中，债权人把资金转让给政府，政府则对贷出者发给证券，证券代表贷款人在借款期限内对政府收入持有的一种债权。用资产负债表的简单术语来表示，即政府债务是政府账户上的负债项目，在有关债权持有人的账户上，它是一种资产"。高培勇（2003）认为政府债务是政府为履行其职能而取得收入的一种形式，具体而言，指的是政府以债务人身份，通过在国内外发行债务（或向外国借款）的方法而筹集、取得的那一部分财政收入。

Reinhart 和 Rogoff（2012）对政府债务与经济增长二者之间的关系做了大量的研究，并且对有关债务的定义进行了规范。目前，有关债务的主要术语如表 1-3 所示。

表 1-3　主要的债务术语

债务名称	定义
政府债务总额 （公共债务总额）	一国政府对国内债权人和国外债权人的所有债务。"政府"一般包括中央政府、地方政府、联邦政府和能提供贷款担保的所有其他政府机构
政府国外债务	一国政府对国外债权人的全部债务，包括官方（公共部门）债务和私人部门债务。债务合同的所有条款通常由债权人决定，而且适用于债权人所在国的法律，若存在多国债权人，则适用于国际法律
政府国内债务	一国政府在其法律管辖权内发行的所有债务，不管债权人的国籍或债务的计值货币，因此包含下面定义的"政府外币国内债务"。债务合同的条款可由市场决定，也可由政府单方面决定
政府外币国内债务	一国政府在本国法律管辖权内发行的，使用非本国货币计价或者与非本国货币挂钩的债务
中央银行债务	中央银行债务虽然通常隐含政府担保，但一般不归为政府债务。中央银行通常是为了进行公开市场操作（包括冲销干预）而产生这些债务。它们可用本币或外币计值

资料来源：根据莱因哈特（Reinhart）和罗格夫（Rogoff）（2012）著作《这次不一样：八百年金融危机史》整理。

（二）政府债务概念的进一步解释

尽管政府债务是政府部门筹集资金以取得政府收入的一种形式，但是与政府债务相关的概念仍然需要进一步解释。

第一，中央政府是政府债务的负债主体，当然也包括地方政府。一般而言，凡是由中央政府发行的债券，均被称为"国家公债"，可以简称为"国债"。国债往往由中央政府为筹集、获取财政收入而发行。国债收入会列入中央政府预算，并且由中央安排调度。地方政府为筹集和取得相应的财政收入而发行的国债，其收入会列入地方政府的预算管理，并由地方政府安排调度。特别需要说明的是，由于受到数据资料的限制，同时为了便于比较不同经济体政府债务水平的差异，本书研究的政府债务主要是指中央政府债务。

第二，政府债务并不仅限于内债。一般而言，一国政府既可以在本国境内发行国债，也可以去国外举债。在本国境内发行的国债，我们将其定义为国内债务，可简称为"内债"。内债的债权人大多是本国居民，而且还本付息用本国货币进行计算。在境外举借的国债被称为国外债务，通常简称为"外债"。外债的债权人主要是外国政府，当然也包括一部分外国的企业、银行、各种团体组织以及居民个人。在偿还外债时，通常以外国货币（债权国货币或者第三国货币）计算还本付息。在大多数情况下，外债占一国债务总额的比重要低于内债，所以国债有广义和狭义之分。广义上的国债包括内债和外债，而狭义上的国债仅指内债。

第三，通过政府债务筹集的资金具有特殊性。一般而言，通过政府债务筹集和取得的财政收入先要作为财政资金，然后再分配为经济建设资金。因此，以债务融资获得的财政收入不同于货币信用的范畴，也不是一般的经营资金和投资资金。

二、政府债务的分类

毛捷和马光荣（2022）认为，理解政府债务的分类有助于准确把握政府债务的规模和风险。世界银行高级经济学家 Brixi（1998）提出了"财政风险矩阵"（表1-4），对政府债务进行分类和认定。在风险矩阵中，Brixi 提出了"隐性债务"和"或有债务"两个新概念，并对其做了明确的界定和区分，因此可以比较直观地对政府债务进行分类认定和规模统计，但是这种分类方法仅适用于政府资产负债表比较健全的国家或地区（通常是发达经济体），广大发展中国家简单套用该分类方法无法准确区分不同类型的政府债务。

表1-4 政府财政风险矩阵

债务来源	直接负债（在任何条件下存在的债务）	或有负债（在特定事件发生情况下的债务）
显性的（由法律和合约确认的政府负债）	1. 国家债务（中央政府借款和发行的债券）； 2. 预算涵盖的开支（非随意性支出）； 3. 法律规定的长期性支出（公务员工资和养老金）	1. 国家对非主权借款、地方政府、公共部门和私人部门实体（发行银行）的债务担保； 2. 国家对各种贷款（抵押贷款、学生贷款、农业贷款和小企业贷款）的保护性担保； 3. 国家对贸易和汇率的承诺担保； 4. 国家对私人投资的担保； 5. 国家保险体系（存款保险、私人养老基金收入、农作物保险、洪灾保险、战争风险保险）
隐性的（反映公众和利益集团压力的政府道义责任）	1. 未来公共养老金（与公务员养老金相对应的）； 2. 社会保障计划； 3. 未来保健融资计划； 4. 公共投资项目的未来日常维护成本	1. 地方政府或公共实体、私营实体非担保债务（义务）的违约； 2. 银行破产（超出政府保险以外的救助）； 3. 实行私有化的实体债务的清偿； 4. 非担保养老基金、就业基金或者社会保障基金（对小投资者的保护）的破产； 5. 中央银行可能的负净值或对所承担义务（外汇合约、货币保护、国际收支差额）不能履行； 6. 其他紧急财政援助（如在私人资本外逃的情况下）； 7. 改善环境、灾害救济、军事拨款

资料来源：根据 Brixi（1998）的研究报告《政府或有负债：一个隐性的财政稳定风险》整理。

刘尚希（2003）认为，"财政风险矩阵"本质上是"债务矩阵"，因为它主要反映了政府债务的四种类型及其基本特征，而且从发生条件和偿债责任等角度直观阐述了政府债务的构成，但是从中无法将资产与负债对应。

除了"财政风险矩阵"分类法之外，政府债务还可以分为中央政府债务与地方政府债务、内债与外债、主动负债与被动负债等。

将政府债务区分为政府内债和政府外债是当前研究政府债务类文献常见

的做法，但现有文献并没有提供政府外债和政府内债完整准确的定义。当前，有关政府外债和政府内债的定义主要是从以下三个方面来进行阐述的。

第一，债券的计价货币。如果一国政府债券发行用外国货币计价，那么该国所得的债务融资便称为政府外债；如果一国政府债券发行用本国货币计价，那么该国所得的债务融资就称为政府内债。

第二，债权人的居住地。外债是一国政府向境外发行的债券或借入贷款，债权人是非居民（non-residents）；而内债则是一国政府在本国境内发行的债券，债权人是本国居民（residents）。

第三，债券发行的法定地点。外债是指一国政府在外国法律的管辖权内发行的债务，外债的发行一般要遵循国际惯例或者发行国所在的法律法规；内债则是一国政府在本国法律管辖权内发行的债务。

不难看出，以上有关政府内债和政府外债的三种定义仍存在以下两点不足。

第一，第一种定义从债券的计价货币角度进行阐述并不准确，可能的原因在于许多国家既在本国市场上发行以外币标价的债券又在国际市场上发行以本币标价的债券；同时，由于内债有关计价货币的信息比较少，所以单纯依靠货币币种来区分政府内债和政府外债的差异并不妥当。

第二，《外债统计：编制者和使用者指南》一书采用了第二种定义，即从债权人居住地的角度来统计公共债务。该书由国际清算银行（BIS）、国际货币基金组织（IMF）、经济合作与发展组织（OECD）等国际组织联合出版。从理论层面而言，这种定义非常有意义。因为它能更准确地跟踪资源在居民和非居民之间的交换信息，而且能追踪国际风险共担数量、债务存量变化带来的收入效应以及评估公共债务违约所带来的政治成本。这种定义从理论上看比较完美，但是在现实的经济环境中并不适用。原因是很少有发展中国家关注最终的债券持有者，即使有也很难洞悉离岸金融中心隐藏的债券持有人。因此，大多数国家选择第三种定义，将债务管理的司法权限作为区分政府内债和政府外债的依据。基于 Cowan 等（2006）、

Panizza（2007）、Abbas 和 Christensen（2007）的研究，本书选择第三种定义来区分政府内债和政府外债。为实证分析政府内债和政府外债对经济增长产生的阈值效应，本书首先将政府内债定义为商业银行对中央政府的债权与中央银行的流动性之和。具体计算等式如下：

公共部门内债（DD）＝存款货币银行（DMB）& 其他银行机构（OBI）对中央政府（CG）的债权＋存款货币银行（DMB）& 其他银行机构（OBI）的流动性。

相应变量的统计数值在《国际金融统计》（IFS）中的位置为：DD＝（22a&42a）＋（20c&40c）。

在完成政府部门内债定义的基础上，本书依据 Panizza（2007）的计算方法，用总体政府债务额减去公共部门的内债额即可得到政府部门的外债额。

Adofu 和 Abula（2010）实证分析了尼日利亚国内债务与经济增长的关系。他们在文献中将政府内债定义为一国政府在国内的借款。债权人主要包括尼日利亚的中央银行、存款货币银行以及其他非银行机构。Matthew 和 Mordecail（2016）的研究表明，政府内债是来源于一国地理范围之内的债务，通常的债务融资工具包括国库券、国库证书（Treasury Certificates）、国债等。Adepoju 等（2007）将政府外债定义为一国政府从国外公司、政府或金融机构获得的债务。Arnone 等（2005）将政府外债看作是从外国公司、政府或金融机构获得的借款。在借款期限内，政府外债不仅要支付利息，而且到期还必须偿还本金。

从以上对政府债务简单的分类可以看出，目前学术界对政府内债和政府外债的定义并没有达成一致意见。事实上，有关政府内债和政府外债的分类也是多种多样。除了上述的分类方法之外，还有一些学者从偿还期限、债务主体、可否转让等角度对政府债务进行分类。如按偿还期限划分，国债可以划分为短期国债、中期国债以及长期国债。按债务主体分类，国债可划分为中央国债和地方国债。按可否转让划分，国债可以划分为可转让国债和不可转让国债。根据 Panizza（2007）的研究，一个理想的债务分类如图 1 - 1 所示。

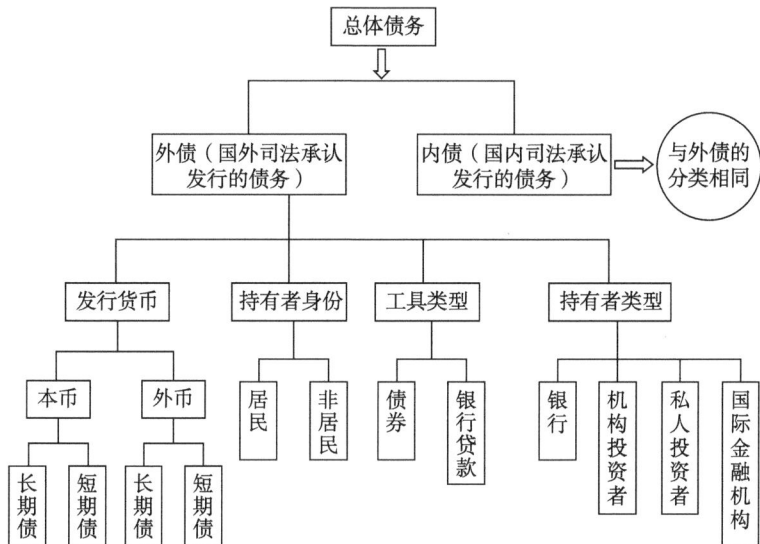

图 1 - 1　理想的债务分类图

资料来源：根据 Panizza（2007）研究报告《国内债务是形成债务危机的答案吗?》整理。

三、政府债务的性质

Buchanan（1992）认为，政府债务是以契约为基础的一种信用交易，也是作为债务人的政府和愿意向政府提供贷款的债权人之间自愿达成协议的结果。虽然发行债券和征税均是政府获得财政资金的常用手段，但是二者之间有着重要区别。第一，征税具有强制性和无偿性，政府借助自身的政治权威和相关的法律文件向纳税人征税，获得税收收入后并不需要返还给纳税人；而政府发行债券是以政府自身的信用作为担保，债券交易采取自愿原则，债券到期后政府必须向债权人偿还本金并支付一定的债务利息。第二，从政府的资产负债表来看，债务是政府的一种负债，但是税收却是政府的资产收入；对于个人和非金融机构的资产负债表而言，持有的政府债券被视为个人和非金融机构的资产和财富，但是应缴纳的税收却可被视为一种负债。

与一般的负债主体相比，本书认为政府债务还有其自身的特点。

第一，政府只是名义上的债务人和偿债主体。实际上，政府是愿意向其提供贷款的债权人和实际借款人（纳税人）之间的中介，正如银行是借款人和贷款人之间的中介一样。由于政府通过发债获得的财政收入大部分并不会用于自身，但是承担偿债责任的是全体纳税人而不是政府本身，所以政府只是在借债和债务承担上扮演名义上的中介角色。

第二，政府通常可以凭自身的信用公开发行债券而取得财政收入，并且举债时还能享有非常高的信用等级和较低的利率水平，然而其他经济主体借债往往需要提供担保和抵押品，支付的利息水平也比较高。

第三，其他经济主体举债期限和偿还周期往往表现高度一致，但是政府举债和偿债通常脱节。政府往往可以凭借自身的信用借新债、还旧债，并且尽可能向后拖延，偿债责任仍由全体纳税人承担，但最终由哪一代纳税人偿还并不确定。

第三节　研究方法和思路

一、研究方法

（一）理论与实证相结合的方法

本书通过梳理和总结政府债务、经济增长及其宏观经济政策选择的相关文献资料，发现当前理论文献研究存在诸多不足。为弥补前人研究的不足，本书分别构建了基于世代交叠模型的非线性理论机制和引入生产性公共投资的内生增长框架，从理论上证明了政府债务与经济增长二者之间存在非线性效应，而且进一步分析了政府债务对经济增长可能产生的短期和长期效应。为验证政府债务与经济增长二者之间是否存在非线性效应和可能的债务阈值，本书首先基于债务规模视角，以跨国面板数据为样本，通过构建计量模型对政府债务的阈值效应进行实证检验；其次从债务结构角度，分别构建总体政府债务、政府外债及政府内债的非线性回归方程，并对政府债务与经济增长的非线性效应进行实证研究，通过实证模型的固定效应回归结果，得出政府债务影响经济增长可能存在的债务阈值；最后为验证政府债务与经济增长二者之间可能存在的双向因果关系，运用面板VAR 模型对二者之间的关系进行实证分析。

本书不仅从理论框架上全面分析了政府债务与经济增长之间的关系，而且运用计量模型对理论结论进行了全面完整的实证检验，真正做到了理论与实证的有效结合。

（二）比较分析法

本书的实证研究主要分为两大部分。第一部分，本书从债务规模和债务结构两个视角分析了政府债务与经济增长之间的非线性效应。从债务规模视角来看，本书通过搜集全球主要经济体（新兴经济体、欧元区和 G7 国家）的跨国面板数据，运用固定效应回归和动态面板回归模型验证政府债务与经济增长之间是否存在非线性效应，在此基础上得出欧元区和 G7 国家、新兴经济体政府债务影响经济增长可能存在的债务阈值，然后比较欧元区和 G7 国家、新兴经济体政府债务阈值的差异并分析产生这种差异的深层次原因。从债务结构视角来看，本书还基于高、中、低三类不同收入水平国家的跨国面板数据，分别构建总体政府债务、政府外债及政府内债的非线性回归方程，得出高、中、低三类不同收入水平国家政府债务阈值并比较其差异。第二部分，本书运用面板 VAR 模型实证分析了政府债务与经济增长可能存在的双向因果关系。为验证固定效应回归结果的稳健性，本书还将总体债务样本按人均 GDP 标准区分为高收入国家和低收入国家，并对低收入国家和高收入国家一阶差分后进行脉冲响应分析。可以看出，无论是非线性效应部分的研究还是对双向因果关系的探讨，均构建了相应的计量模型并比较了不同经济体的实证回归结果。因此，比较分析法也是本书实证建模采用的重要研究方法和思考原则。

二、研究思路

本书共分为九章。其中，第一章为绪论；第二章为政府债务与经济增长的文献回溯及评述；第三章为政府债务影响经济增长的非线性效应机制；第四章为政府债务与经济增长的非线性效应研究——基于债务规模的实证视角；第五章为政府债务与经济增长的非线性效应研究——基于债务结构的实证视角；第六章为政府债务影响经济增长的机理分析；第七章为政府债务与经济增长的双向因果关系研究——基于面板 VAR 的分析；第八章为政府债务削减的政策选择；第九章为主要结论及政策建议。上述九章的内容层层递进，这也是本书对政府债务与经济增长二者之间关系的认知逐步深入和完善的结果。各章的主要内容如下。

第一章是绪论。本章简要概述了本书的研究背景和意义，界定了政府债务的概念和性质，同时介绍了本书的研究方法和思路，并且还指出了本书研究可能的创新点和难点。

第二章是政府债务与经济增长的文献回溯及评述。本章首先梳理了政府债务与经济增长关系的理论分歧，目前三种代表性的债务观点主要包括古典主义的债务"有害论"、凯恩斯主义的债务"有益论"以及"李嘉图等价定理"。其次梳理了有关政府债务与经济增长关系的实证文献，具体包括政府债务对经济增长的负向效应、正向效应、阈值效应以及政府债务与经济增长二者之间的因果关系检验研究。同时，在梳理理论研究和实证文献的基础上，总结政府债务影响经济增长可能的渠道。最后，对当前文献进行简要的评述并重点指出现有研究可能存在的不足以及未来可能需要深入研究的领域。

第三章构建了政府债务影响经济增长的非线性效应机制。本章分别构建了基于世代交叠模型的非线性效应机制和引入生产性公共投资的内生增长框架，从理论层面证明了政府债务与经济增长之间存在非线性效应而且可能存在政府债务阈值。

第四章基于债务规模的实证视角分析了政府债务与经济增长之间的非线性效应。2008 年国际金融危机及随后的欧债危机爆发后，一些国家采取了积极的财政政策有效地遏制了国家经济下滑的势头，促进了经济的复苏，但也产生了高额的债务。因此，本章主要通过发达经济体（欧元区和 G7 国家）以及新兴经济体的跨国面板数据，对政府债务与经济增长二者之间是否存在债务阈值效应进行实证检验，并回答以下问题：政府债务与经济增长之间是否存在阈值效应？如果存在，那么总体样本的债务阈值点、两个分类样本（欧元区和 G7 国家、新兴经济体）的政府债务阈值点是多少？两类不同经济发展水平的经济体政府债务阈值点是否存在显著差异？如果两类样本的政府债务阈值点存在差异，那么存在差异的原因又是什么？

第五章基于债务结构的实证视角分析了政府债务与经济增长之间的非线性效应。政府内外债的变化同样也会对经济增长产生影响。为了从债务结构视角探讨政府债务对经济增长的影响，本章将总体政府债务规模细分为政府内债和政府外债，并在此基础上分别考察不同收入水平国家（高、中、低收入国家）政府内外债对经济增长的影响是否存在非线性效应？如果存在，那么相应的政府债务阈值点是多少？

第六章是政府债务影响经济增长的机理分析。本章首先分别分析了政府债务影响经济增长的短期效应和长期效应，然后在此基础上总结政府债务影响经济增长可能存在的传导路径。

第七章是政府债务与经济增长之间的双向因果关系研究。本章主要基于面板 VAR 模型探讨政府债务与经济增长之间是否存在双向因果关系，以及经济增长在长期是否有利于削减政府债务水平。

第八章是政府债务削减的政策选择。近年来，"高债务"已经成为不少经济体经济发展的"新常态"。为促进经济平稳增长，如何削减政府债务水平已成为政策制定者和学术界广泛关注且亟须解决的重要问题。本章主要提出削减政府债务所应采取的财政政策和货币政策，以及其他可能的政策选择。削减政府债务主要有三种方式：增加税收、通货膨胀和直接违约。财政政策方面，由于政府债务对经济增长的影响存在债务阈值效应，这也意味着当政府债务/GDP 达到一定规模时，政府债务对经济增长的影响将会由正转为负，如果政府继续扩大债务规模，那么它将会对经济增长产生很大的阻碍作用和负面冲击。因此，当债务规模达到一定程度时，政府应该适度紧缩财政支出规模，以确保政府债务规模与 GDP 之比维持在合理的阈值区间。货币政策方面，按照弗里德曼的观点，"通货膨胀无时无刻不是一种货币现象"。从这个角度而言，货币当局应适度控制通胀水平，并采取与削减政府债务水平相匹配的货币政策。

第九章是主要结论及政策建议。本章在理论研究和实证分析的基础上，总结本研究的基本结论并提出相应的政策建议。

综上所述，本书的研究思路如图 1 - 2 所示。

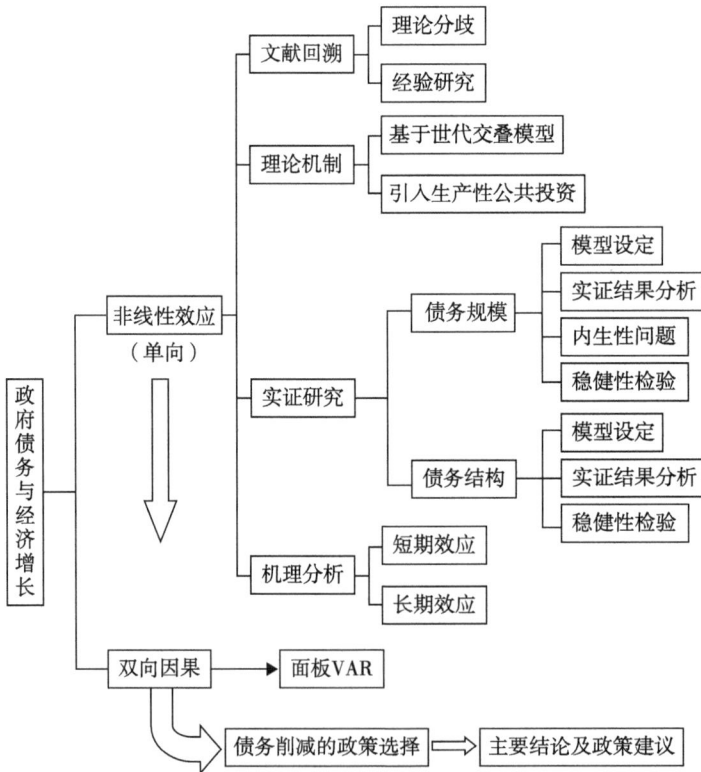

图 1 - 2　本书的研究框架

第四节 可能的创新点及难点

一、可能的创新点

本书重点研究了政府债务与经济增长的非线性关系和双向因果关系，在理论框架的构建和实证检验方面均存在不同程度的创新，主要体现在以下三个方面：

（1）理论框架的创新。通过阅读和梳理国内外文献可以得知，关于政府债务影响经济增长的非线性效应研究，现有文献主要是从实证角度得出政府债务影响经济增长的债务阈值，而鲜有文献从理论层面论证政府债务与经济增长二者之间可能存在的非线性效应。本书分别构建基于世代交叠模型的非线性理论机制和引入生产性公共投资的内生增长框架，从理论层面推导出政府债务与经济增长二者之间存在非线性效应，而且在非线性效应的前提下，政府债务对经济增长的影响可能存在债务阈值。

（2）研究视角的创新。除了从债务规模角度构建实证模型得出总体样本、分类样本（欧元区和 G7 国家、新兴经济体）的政府债务阈值外，本书还从债务结构视角出发并基于跨国面板数据探讨不同收入水平国家（高、中、低收入国家）政府债务对经济增长的非线性效应且得出可能的债务阈值。

（3）研究内容的创新。从研究内容来看，无论是研究政府债务（包括政府债务规模和政府债务结构）影响经济增长的非线性效应还是分析政府债务影响经济增长的机理，现有文献探讨的均是从政府债务到经济增长的单向影响，而忽略了经济增长对政府债务可能存在的反作用。因此，为了对政府债务与经济增长二者之间的关系进行完整全面的分析，本书还运用面板 VAR 模型对政府债务与经济增长之间可能存在的双向因果关系进行实证检验，并且进一步得出长期经济增长对政府债务削减可能产生的影响。

二、研究的难点

本书研究的难点主要体现在以下三个方面：

（1）由于统计方法和口径的差异，对政府债务的统计存在较大差异，而且跨国面板个体之间的差异较大，样本区间较长，在统一统计口径和处理政府债务数据方面存在较大难度。

（2）由于影响经济增长的因素较多，政府债务只是影响经济增长的一个因素，因此在选择合适的解释变量和控制变量以得到比较理想的回归结果方面仍存在一定难度。

（3）由于政府债务与经济增长之间的关系错综复杂，政府债务作用于经济增长的中间链条较长，传导路径较多，因此构建一个统一的理论框架来分析政府债务与经济增长的关系也存在一定难度。

第二章　文献回溯及述评

长期以来，政府债务与经济增长的关系一直是宏观经济学界争论不休的重要话题。目前，有关政府债务与经济增长的文献可谓汗牛充栋。因此，本章首先介绍政府债务与经济增长关系的理论分歧，其次在梳理理论文献的基础上阐述政府债务与经济增长二者关系的经验研究，最后对理论研究和实证文献进行简要的述评。

第一节　政府债务与经济增长关系的理论分歧

政府债务对经济增长有何影响？这个问题在学术界一直备受争议。目前，有关政府债务与经济增长关系的理论文献主要有三种代表性的观点：政府债务的"有害论"、政府债务的"有益论"以及政府债务的"中性论"。

一、政府债务的"有害论"

早在200多年以前，英国和法国的古典经济学家就对政府债务的经济影响进行了广泛探讨。他们大多将政府债务与私人债务等同起来，认为私人收支的常识表明靠举债来维持预算平衡是不现实的，因此不断增加政府债务规模会对经济增长产生负面影响。另外，他们还认为政府举借国债会引起生产性公共资本减少，非生产性公共资本增加，减少了人、财、物的积累，最终也会不利于经济增长。因此，古典经济学家都反对举借国债。

1750 年，英国的大卫·休谟在谈到国债时指出，"不是国家毁了公共信贷，就是公共信贷毁了国家""政府举借债务，必然会引起粮食和食品价格的上升，意味着将来必须通过增加税收的方式来偿还利息，加重劳动人民的负担。而且，国债主要被以食利为生的闲人持有，这将会鼓励无所作为的寄生生活。倘若国债为外国持有，那么有可能会导致本国成为外国的附庸，最终受制于人"①。亚当·斯密则将巨额的政府债务视为"洪水猛兽"。他在《国民财富的性质和原因的研究》中提到，"巨额债务的增积过程，在欧洲各大国，差不多是一样的；目前各大国国民，都受此压迫，久而久之，说不定要因而破产"②。从亚当·斯密的论述我们可以得出，巨额的政府债务会对经济增长产生不利影响，在长期甚至会导致一国破产。其理由是，由于政府债务具有"非生产性"的特征，而且国债收入一般不用于生产性经济活动，由此会减少社会生产性投资的规模，最终会阻碍经济的发展。当政府债务规模积累到一定程度时必然难以偿还，政府只能通过提高税率的方法来偿债，而提高税率必然会增加人民的负担，最终对国力产生负面影响。

19 世纪初的英国因拿破仑战争积累了大量的政府债务。英国经济学家大卫·李嘉图主张一次性偿还所有的国债，并且指出政府为支付债务利息而增加税收，必然会导致许多人不堪重负而逃往国外，最终会危及英国整个工业的发展。托马斯·马尔萨斯则主张应该维持适当的国内需求，短时间内迅速偿还所有的政府债务可能会导致经济出现严重的萎缩。法国著名古典经济学家让·萨伊认为，私人举债和政府举债存在差异，私人举债一般用于生产性开支，而政府举债一般用于非生产性开支，结果贷给政府的资本，因被消费而归于消灭，无法给任何人带来利润，造成社会性浪费，国家也会因此而变得贫困。

在人类经济史上，每一次政府债务的快速增加都会引发学术界关于政

---

① 参见费尔南·布罗代尔著作《15 至 18 世纪的物质文明、经济和资本主义》。
② 参见亚当·斯密著作《国民财富的性质和原因的研究》。

府债务对经济增长影响的讨论，政府债务理论则是在各种讨论中不断完善和发展起来的（尹恒，2007）。与古典经济学家的观点不同的是，现代学者不再将政府债务与私人债务作简单的类比，而是基于以下三个基本的假设来探讨政府债务对经济增长的不利影响。第一，个人的生命周期是有限的，人们是在有限的生命周期内对资源进行优化配置；第二，资本市场的信息是完全的，个体能以市场利率在资本市场上进行无限期借贷；第三，商品市场出清，不存在失业或资源闲置。在以上三个假设的基础上，政府债务的增加将使税负转嫁给后代人，从而提高当代人的当期消费量。倘若经济资源已经得到充分利用，那么当期消费的增加将会减少储蓄，导致利率上升，挤出私人投资，最终对经济增长产生不利影响。Modigliani（1961）认为，倘若将国债视为私人部门的净财富，那么政府债务增加，将会使私人部门的净财富增加，结果导致人们的消费增加、储蓄减少，利率上升，资本积累下降，最终阻碍经济增长。Diamond（1965）和 Blanchard（1985）运用标准的交叠模型得出，政府债务上升会提高利率水平，减少储蓄和资本积累，从而抑制经济增长。Barro（1990）运用内生增长模型得出政府债务增加对经济的长期增长会产生负面效应，政府必然会通过减少公共支出和扭曲性税收来熨平债务水平。Saint-Paul（1992）拓展了 Blanchard（1985）构建的内生增长框架，研究得出以下几点结论：第一，任何内生增长路径都是生产有效的（production-efficient）；第二，政府债务的增加会降低经济增长率，而且未来一代人的福利水平会受损；第三，对投资和利息收入提供补贴，是一种帕累托改进。Aizenman 等（2007）构建了包含税收和公共债务的内生增长模型，研究得出政府债务增加会降低福利和经济增长率。

美国经济学家 Samuelson（1958）认为政府举债往往会产生债务负担问题。政府为偿还债务利息而增加税收不仅会造成效率损失，而且还会替代私人资本影响民众的预期和私人投资。公共选择理论的代表人物 Buchanan 和 Wagner（1977）指出，即便是在民主政治体制下，政治家和官僚往往追求的是自身利益而非公共利益，国债会转移并加重后代的负担。同时，他还进一步指出，政府通过举债而不是采用征税的方式来筹集公共建设所需的资金，会导致权衡财政预算决策时所产生的成本与收益出现不一致的情况。所以，他反对政府用举债替代税收来筹集资金。

20 世纪 70 年代，西方社会出现了严重的"滞胀"。针对当时出现的"滞胀"现象，供给学派认为增加政府债务会"挤出"私人部门的投资，结果引起社会供给严重不足，最终对经济增长造成不利影响。因此，供给学派极力反对政府大量举债。哈佛大学教授 Feldstein（1977）通过构建包含土地租金税的均衡储蓄模型，研究得出对自然资源征税会给资源所有者（如土地拥有者）带来资本损失，减少额外的资本积累，最终不利于经济增长。

二、政府债务的"有益论"

众多研究表明，政府债务对经济增长存在正向影响，其中最具代表性的是凯恩斯主义的债务观。凯恩斯主义打破了传统的"政府出纳"定位，主张政府可以通过调节财政收支来调控宏观经济，因此短期的赤字财政可以成为政府刺激社会总需求进而推动经济增长的一个重要工具。一般而言，凯恩斯主义理论成立需满足两个前提：第一，经济中存在大量短视或流动性受限的个体，总消费是个人可支配收入的函数；第二，市场未出清，存在一定的资源闲置。在上述两个前提的基础上，暂时性减税和政府增发债券均会使消费者当期的可支配收入增加，导致当期的社会总需求上升。因此，政府举债能拉动居民消费并提高国民收入。Walker 等（1987）分析了财政政策对经济的影响，认为暂时性的政府债务扩张可以增加储蓄和刺激投资，有利于促进经济增长。但是他们还进一步指出，如果从消费者整个生命周期来看，在短期内通过暂时性减税使公共债务扩张，给消费者带来的财富效应比较小。Elmendorf 和 Mankiw（1998）梳理了有关政府债务宏观经济效应的文献资料。他们从债务和赤字的数据出发，基于传统的债务理论探讨政府债务对经济增长的影响。研究表明，政府在短期内通过减税和扩大债务规模，增加了居民的可支配收入，有利于刺激居民消费和拉动社会总需求，最终对经济增长产生积极的影响。但是，他们进一步指出，长期政府债务扩张会对经济增长产生消极影响。此外，他们还讨论了"李嘉图等价定理"，并且研究分析了如何增强政府借款能力的不同观点。Sidiqui 和 Malik（2001）、邓晓兰等（2013）认为产出决定需求，经济衰退会导致未来的潜在产出减少，所以在此情形下，政府在短期内通过实施积极的财政政策，增发国债，将会刺激社会总需求从而有利于推动经济增长。Greiner（2008）建立了一个包含公共资本、公共债务和刚性实际工资的内生增长框架，在不存在总量税和刚性工资的前提下，经济增长速度能持续为正，由赤字融资支持的公共投资能显著促进就业，而且长期经济增长会向平衡增长路径收敛。其原因是财政政策直接影响就业水平，不同于以往将就业固定在自然水平或充分就业水平。

三、政府债务的"中性论"

一些学者质疑将私人部门持有的国债视为其净财富的正确性。政府增发国债意味着政府将来还本付息的债务负担会增加，则居民未来的税收负担也会加重。所以，理性的个体会对债务增加的不利影响进行权衡。当国债的现值大于未来税收负担的现值时，国债才会被视为居民的净财富，政府债务的增加才会对消费和储蓄产生影响。Tobin（1952）对凯恩斯主义的债务观表达了质疑，并在《资产持有和消费决定》一文中提出问题"一个社会怎么可能仅靠发债就能变得更加富有呢?"。Bailey（1962）的研究表明，假如理性的消费者能充分预见当前政府债务融资中隐含的未来税收负担，那么政府债务融资和政府平衡预算二者之间就不存在本质的区别。

政府债务影响经济增长的"中性论"集中表现为"李嘉图等价定理"。公共债务对经济增长的作用实际上是国债的效应问题，经济学中关于国债效应的理论，似乎没有哪一个命题比"李嘉图等价定理"的影响更加深远和引起的争论更为持久[①]。

大卫·李嘉图在其著作《政治经济学及赋税原理》中提到，"如果为了一年的战费支出而以发行国债的办法征集两千万英镑，就是从国家的生产资本中取去了两千万英镑。每年为偿付这种国债利息而征课的一百万英镑，只不过是由付这一百万英镑的人手中转移到收这一百万英镑的人手中，也就是由纳税人手中转移到国债债权人手中。实际的开支是那两千万英镑，而不是为那两千万必须支付的利息。政府可以通过赋税的方式一次性征收两千万英镑，在这种情况下，就不必每年征课一百万英镑。但这样做并不会改变这一问题的性质"[②]。由大卫·李嘉图的这一段论述我们可以得知，在国家从事非生产性活动的前提下，如果筹集资金纯粹是为了应付战争开支，那么不管是以征税还是通过举债的方式获得资金，它对社会经济的影响并不存在显著差异。大卫·李嘉图对公共债务的原始分析相对简单，没有将其分析以定理的名义进行归纳和推广。直到 20 世纪 70 年代，公共选择学派的代表人物 Buchanan（1976）在他的论文中才第一次将大卫·李嘉图的上述分析概括为"李嘉图等价定理"。随后，到了 20 世纪 90 年代，罗伯特·巴罗给"李嘉图等价定理"这一重要命题赋予了固定含义。"李嘉图等价定理"可完整表述为，虽然政府通过国债的形式筹集了资金并支持了部分财政支出，减少了当期的税收，但是由于政府的债务终究在未来要通过增税的方式来偿还，因而它实际上与现时征收的效果相同；倘若政府的财政支出没有被减少，那么政府预算赤字的增加应当与赤字相配合储蓄的增加一致。

"李嘉图等价定理"提出后，学术界对此展开了激烈的争论。从理论角度来看，目前的争论主要集中在两个方面：一是当代人并不会特别关注他们的后代在未来要缴纳更高的税款；二是公共债务的发行抵补了一部分

[①] 参见袁东著作《国债市场、财政政策与经济增长》。
[②] 参见彼罗·斯法拉主编《李嘉图著作和通信集（第一卷）》。

财政支出，并起到了减税的作用，紧接着人们的流动性约束被放松，于是消费量增加，最终也并不会出现因赤字增加而导致储蓄增加的现象。围绕上述争论，学术界产生了大量的研究成果。一些学者在个体无限生命和政府征收总量税的假设前提下，从理论层面证明了"李嘉图等价定理"是可以成立的。Barro（1974）运用标准的世代交叠模型证明，考虑后向跨代利他动机后，举债与税收融资是等价的。而且他还进一步指出，假设个体的遗产动机为正，那么增加（或减少）政府债务规模均无法影响经济的长期平衡增长和短期行为。Carmichael（1982）认为政府债务的实际效应并不依赖于个体是否将其持有的债券视为一种净财富，而是取决于政府债务的变化是否会引起个体的跨际消费量发生改变。他构建了包含前向跨代利他动机的世代交叠模型，研究得出稳态水平上的政府债务发生变化对经济的影响呈中性，"李嘉图等价定理"仍然成立。Greiner（2013）在非充分就业的假设前提下，运用基本的内生增长模型分析了政府债务对经济增长的影响。研究发现，政府债务长期呈中性并不会对经济增长产生影响。其原因在于影响长期经济增长的资本边际产量与劳动力需求跟财政政策无关。Ueshina（2018）在政府融资的黄金律准则下，构建了包含公共资本和公共债务的内生增长模型，得出的结论主要有两点：第一，模型有两个稳态解，一个在零增长下是不平稳的，另一个在正向增长率下是鞍点稳定的；第二，如果考虑到转移动态，那么增长最大化的税率要高于福利最大化的税率，但是政府融资黄金律规则下的短期效应不同于均衡预算规则下的短期效应。

第二节　政府债务与经济增长关系的经验研究

政府债务与经济增长的关系不仅在理论层面存在巨大分歧，而且在实证层面得出的结论也并不一致。当前，有关政府债务与经济增长关系的经验研究主要有以下几种代表性的观点：政府债务对经济增长的影响存在负向效应、正向效应以及非线性效应（或阈值效应），而且政府债务与经济增长之间可能存在因果关系。

一、政府债务对经济增长的负向效应

Miler 和 Russek（1993）以 39 个国家 1975—1984 年的面板数据为样本，研究发现财政支出对经济增长的影响主要依赖于政府的融资方式——如果依靠债务融资来支撑政府支出，那么财政支出的增加将会对经济增长产生不利影响；如果依靠税收融资来扩大政府支出，那么增加财政支出会提高经济增长率还是降低经济增长率，取决于财政支出的范围。尹恒（2007）以 208 个国家 1970—2002 年的面板数据为样本，构建了基本横截面数据回归模型，研究发现在 10 个回归模型中，政府债务与 GDP 之比的回归系数都为负，相当稳定且在绝大多数情况下显著；在控制了一系列影响经济增长的变量后，政府债务扩张对长期经济增长有明显的负面效应。Calderón 和 Fuentes（2013）以 136 个国家 1970—2010 年的面板数据为样本，通过构建计量模型实证检验政府债务是否会阻碍经济增长以及经济政策是否会缓解公共债务的负面效应。研究发现，政府债务增加的确会对经济增长产生不利影响，而且政府债务对经济增长的负向效应会随着债务水平的提升而增大。此外，高效的机构、完善的国内政策和外向型政策会轻微降低公共债务对经济增长的负面效应。Kumar 和 Woo（2010）利用 38 个国家 1970—2007 年的面板数据探讨了高债务对经济增长的长期效应。他们的研究考察了影响经济增长的一系列因素，并且还考虑了逆向因果和内生性问题。此外他们还分析了门槛效应、非线性效应以及比较了发达经济体和新兴市场的差异。他们的实证分析结果表明，当控制了其他因素后，政府债务与经济增长之间存在负相关，即当政府债务规模/GDP 每增加 10%时，那么人均实际 GDP 下降约 0.2 个百分点。而且，对于发达经济体而言，政府债务增加所引起产出水平的下降幅度要低于新兴市场。另外，他们的研究还发现，高债务水平与经济增长之间的负向关系主要表现为劳动生产率的下降，而劳动生产率下降的原因主要是投资降低和资本存量增长放缓。Brauninger（2005）运用世代交叠模型分析了政府债务对内生增长的影响。如果政府赤字率低于某一临界值，那么便存在两个稳态解，其中资本、产出和公共债务的增长率相同，赤字率上升将降低增长率；如果政府赤字率高于临界值，那么就不存在稳态解，在此情形下，资本增长率将持续下降而且资本存量在无限期内将趋于零。王晓永和刘睿（2022）运用跨国经验数据，从主权信用视角评估了政府债务扩张的经济增长效应。实证结果表明，从整体上来说，不同规模的政府债务扩张均不利于经济增长。

二、政府债务对经济增长的正向效应

Chang 和 Chiang（2012）以 19 个 OECD 国家 1993—2007 年的平衡面板数据为样本，并将整体样本划分为两类，验证政府负债率与实际 GDP 增长率之间的关系在控制了通胀率和失业率后如何发生变化。研究结果表明，不管负债率有多高，一国政府债务的增加有利于推动经济增长。同时，他们的研究还发现，OECD 国家并不存在"债务积压"或者"债务不相关"问题。对于低负债率国家而言，失业率对实际 GDP 增长率存在显著的边际负效应。但是对于高负债率国家而言，失业率对实际 GDP 增长率存在显著的边际正效应。这与奥肯定律的结论并不一致。Eisner（1992）研究表明，赤字财政可以促进公共部门和私人消费者投资于耐用消费品或人力资本。Afonso 和 Jalles（2013）以 127 个 OECD 国家和非 OECD 国家 1981—2007 年的面板数据为样本，研究发现政府支出的增加有利于促进经济增长，而且进一步指出无论是否发生经济危机，政府债务对经济增长均存在正向效应。Eberhardt 和 Presbitero（2013）以新古典增长模型为基础，基于 104 个发达国家、新兴经济体及发展中国家大量的面板数据，构建了包含线性动态模型、非线性静态模型、非对称性动态模型等多种计量模型，实证检验了政府债务与经济增长之间的长期关系。研究发现，对于不同国家而言，政府债务与经济增长之间存在非线性关系（债务门槛）；但是对于一国而言，并不存在共同的债务门槛值。贾俊雪和郭庆旺（2011）构建了一个包含两部门的内生增长迭代模型，利用数值模拟不同财政规则下财政政策对长期经济增长和政府债务规模的影响。研究发现，允许政府发行国债为公共投资提供资金更加有助于促进长期经济增长和改善政府的财政状况。齐红倩等（2015）先建立了分析政府债务与经济增长关系的理论框架，然后以 28 个发达国家和主要的发展中国家为样本，借助面板平滑门限回归模型实证检验了政府债务与经济增长之间的非线性特征。研究发现，政府债务对经济增长的影响存在非线性效应，债务"门限值"约为 GDP 的 150%，而且发达国家和发展中国家的债务"门限值"存在显著差异。此外，齐红倩和庄晓季（2015）还梳理了政府债务影响中国经济增长的传导路径，并且基于中国 1990—2013 年的时间序列数据，通过构建计量模型实证分析了政府债务对私人投资的综合影响。研究发现，在中国，政府债务增加会挤出私人投资，而且政府债务对私人投资的影响还具有非线性特征和滞后性。

在地方政府债务层面，地方政府债务对经济增长的影响存在本地效应。范剑勇和莫家伟（2014）研究发现，地方政府债务不仅以直接投资形式促进经济增长，而且还通过完善基础设施、压低作业用地价格等渠道吸引工业投资，从而促进本地工业增长。曹光宇等（2020）研究指出，在财政分权制度和经济增长目标等现实条件约束下，地方政府通过扩张债务筹集资金，填补财政缺口，调控宏观经济运行，有利于促进经济增长。王韧等（2021）研究表明，在经济发展状况比较好的城市群，政府债务负担有助于推动城市群资源整合，促进区域经济一体化。除此之外，还有一些学者研究发现地方政府债务对经济增长的影响存在空间溢出效应。王博等（2022）以地级市层面的债务数据作为切入点，运用动态空间杜宾模型探讨地方政府债务通过基础设施建设渠道促进区域经济增长的作用机制。研究结果表明，本地的地方政府债务能促进邻近区域的经济增长。林毅夫等（2023）基于 263 个地级市 2006—2017 年的地方投资平台数据，实证研究发现，增加地方政府债务规模可以显著促进非国有企业的资本回报率和投资增长率提高，并不会产生挤出效应，建议在存在基础设施瓶颈的条件下，经济衰退期可以执行更为积极的财政政策。

三、政府债务对经济增长的阈值效应

（一）债务阈值的测度

以 Reinhart 和 Rogoff（2010a，b）为代表的经济学者认为，政府债务对经济增长的影响存在阈值效应，当政府债务额超过某一阈值时，政府债务规模的继续增加将对经济增长产生负向效应。Reinhart 和 Rogoff（2010a，b）搜集了 20 个发达国家 1946—2009 年的数据，并将数据集分成四类（政府债务/GDP < 30%、30% ≤ 政府债务/GDP < 60%、60% ≤ 政府债务/GDP < 90%、政府债务/GDP≥90%）进行经验研究。研究结果表明，当政府债务与 GDP 之比小于 90% 时，政府债务与经济增长之间并不存在明显的相关性；但当这一比例超过（含）90% 时，政府债务规模继续增加则会对经济增长产生负面效应。

在 Reinhart 和 Rogoff（2010a，b）提出"政府债务与经济增长之间存在非线性效应"的观点后，政府债务和经济增长的关系到底怎样又重新成为学术界关注的焦点。不同于 Reinhart 和 Rogoff（2010a，b）用简单的描述性统计直观界定债务的阈值区间，后续的经验研究者主要是通过建立实证模型以验证政府债务的非线性效应并测算可能存在的政府债务阈值。从现有文献来看，验证非线性效应的模型选择主要有以下两种方式。

第一，将政府债务与 GDP 之比的二次项引入回归方程。Checherita-Westphal 和 Rother（2012）利用欧元区 1970—2011 年的面板数据，构建了包含政府债务与 GDP 之比平方项的回归方程，研究表明政府债务与经济增长之间存在非线性关系并呈现"倒 U 型"特征，且政府债务的转折点位于 GDP 的 90% ~ 100% 区间。张启迪（2015）基于欧元区 16 个国家 1970—2012 年的数据，将政府债务/GDP 的二次函数形式纳入模型并得出结论：

政府债务对经济增长的影响存在阈值效应，且阈值水平位于54%～78%。刘金林（2013）以 OECD 国家 2000—2009 年的面板数据为样本，将政府负债率的平方项引入回归模型验证了政府债务与经济增长之间存在非线性关系，并得出政府负债率的临界值为 88%～89.47%。郭步超和王博（2014）基于资本回报率的视角引入政府负债率的平方项来构造门槛效应，证实了政府债务对经济增长的影响存在门槛效应，而且进一步得出发达国家的政府债务转折点要低于新兴市场国家的水平。

第二，将政府债务与代表债务水平的虚拟变量组成的交叉项引入回归方程。Kumar 和 Woo（2010）将初期政府债务与代表低、中、高债务水平的虚拟变量组成的交叉项引入实证模型，回归结果证实了非线性效应的存在，而且仅当政府债务/GDP 高于 90% 时，政府债务对经济增长的影响为负。Baum 等（2013）基于欧元区 12 国的面板数据并运用动态阈值模型得出结论：当短期政府负债率低于 67% 时，政府债务与经济增长存在正相关；当政府负债率介于 67%～95% 时，政府债务与经济增长之间并无明显的相关性；当政府债务与 GDP 之比超过 95% 时，继续增加政府债务则会阻碍经济增长。程宇丹和龚六堂（2014）根据 Baum 等（2013）的研究采用动态识别阈值法得出结论：总体上政府债务对经济增长有非线性影响。当政府债务与 GDP 之比小于 20% 时，增加政府债务有利于提高经济增长率；当政府债务与 GDP 之比超过 20% 时，增加政府债务则会降低经济增长率，但是直到政府债务与 GDP 之比小于 35% 之前，政府债务对经济增长的整体影响为正，此时的经济增长率要高于财政平衡下的经济增长率；但当政府债务/GDP 超过 35% 时，政府债务和经济增长二者之间的关系表现为负相关。Cecchetti 等（2011）通过构建面板门限回归模型来验证政府债务对经济增长的影响是否存在阈值效应，结果表明标准的回归或样本分类比较并不能证明政府债务存在阈值效应。此外，Minea 和 Parent（2012）运用面板平滑门限回归法得出，当政府债务位于 GDP 的 90%～115% 区间时，政府债务与经济增长之间呈负相关；但当政府债务/GDP 超过 115%

时，政府债务与经济增长呈正相关。

Greiner（2012）构建了包含公共资本和债务的增长模型，从理论层面论证了政府债务与经济增长之间存在"倒 U 型"函数关系，但其结论成立的前提是财政赤字必须是内生固定的，而且赤字与公共投资在任何时刻必须相等；若放松上述假设前提，则可以得出赤字越小、政府债务水平越低、平衡增长率越高的结论。陈诗一和汪莉（2016）构建了三部门动态博弈模型，并依据地方政府是否受制于债务约束，分别考察了地方政府债务和经济增长等变量间的关系。研究发现，若政府不受制于债务约束，则政府债务与经济增长之间存在"倒 U 型"关系；若政府受制于债务约束，则政府债务增加会降低经济增速。Brida 等（2017）基于 16 个国家 1977—2015 年的数据，采用非参数方法研究了政府债务与经济增长的关系。研究结果表明，与大多数实证文献的结论相似，政府债务与经济增长之间存在负相关，但是对于 2008—2016 年的样本国家而言，各国产出的动态变化是由债务阈值（90%）驱动的。Afonso 和 Jalles（2013）运用 155 个国家的面板数据验证经济增长率、生产率及政府债务之间的关系。他们借助增长函数考察了自相关、内生性、截面自相关、非线性和门槛效应。研究发现，负债率对经济增长存在负向效应。对于 OECD 国家来说，国债期限越长，对经济增长的积极效应越大。另外，当样本国家负债率高于 90% 时，负债率每增加 10% 将会导致经济增长率下降 0.2 个百分点；当样本国家负债率低于 30% 时，负债率每增加 10% 将会导致经济增长率提高 0.1 个百分点。

Chen 等（2017）基于 65 个发达国家和发展中国家 1991—2014 年的数据，运用面板平滑转换回归方法在增长模型中研究了最优的政府投资和公共债务水平。实证结果表明，政府投资和公共债务融资存在非线性效应。当政府投资额/GDP（或公共债务额/GDP）达到"门限值"时，政府投资（或公共债务）的增长效应由正转为负。基于此，他们研究得出，2014 年中国的政府投资额/GDP、公共债务额/GDP 分别为 15.66%、41.14%，这两个变量的水平并未达到中国的"门限值"，所以它们对经济增长的效应仍为正。Kourtellos 等（2013）采用结构化的门限回归方法，考察了在不同类型政治体系下政府债务水平的变动对经济增长的影响。研究发现，在民主化程度低的政治体系下，政府债务水平较高会导致经济低增长。Checcherita-Westphal 和 Rother（2012）先从理论层面推导出实现增长最大化的最优债务比，而且指出在黄金规则条件下最优债务比只取决于公共资本的产出弹性；在此基础上，运用经合组织（OECD）国家、欧盟（EU）国家以及欧元区国家三类样本的面板数据进行验证。研究结果表明，欧元区国家的债务目标是将债务水平维持在 GDP 的 50% 左右，OECD 国家实现增长率最大化的最优债务水平约为 GDP 的 66%，而欧盟国家的最优债务水平约为 GDP 的 64%。Greiner（2012）扩展了 Checcherita-Westphal 和 Rother（2012）的模型并考虑了一般的债务政策，从理论层面论证了政府债务与经济增长之间是否存在"倒 U 型"关系。研究发现，如果政府赤字是外生固定的且与公共投资在每期都相等，那么政府债务与经济增长之间的"倒 U 型"关系成立；如果将债务政策一般化而且并不严格满足上述条件，那么低债务水平和赤字率将导致较高的平衡增长率，所以政府能够通过削减债务水平来提高长期增长率。

Yakita（2008）基于世代交叠模型的框架证明，在预算赤字/GDP 保持不变且公共融资符合黄金规则的前提下，为确保政府债务可持续，对于给定的公共资本存量而言，公共债务存在一个临界值，而且随着公共资本存量的增加，公共债务的临界值也提高。但是，如果最初的公共债务高于其临界值，那么政府就不能再维持预算赤字；如果初期的公共债务低于其临界值，那么政府能维持长期的赤字政策并最终能保证公共债务/GDP 为正。

在地方政府债务层面，为探讨地方政府债务对经济增长的非线性效应，邱栎桦等（2015）将地方政府债务负担率的平方项嵌入模型，研究结果表明地方政府债务与经济增长二者之间的非线性效应明显，而且最优的债务阈值为 20%。路继业和李淼（2020）基于新兴市场国家和发达国家的跨国面板数据，将政府债务平方项引入计量模型，实证研究发现政府债务与经济增长之间的门槛效应显著，新兴市场国家的债务转折点要高于发达国家，新兴市场国家适度增加政府债务有利于促进经济增长。

刁伟涛（2016）基于中国 30 个省份 2010 年底、2012 年底、2013 年 6 月底以及 2013 年底 4 个时间点的地方债务数据，构建面板模型并测算地方政府适度的债务规模。研究结果表明，2012 年后地方政府债务对经济增长的正向效应逐步下降，负面影响日益显现；2012 年适度的地方政府负债率为 18.53%。刁伟涛（2017）以中国 30 个省份 2010—2014 年的面板数据为样本，利用面板门限模型来探讨地方政府债务对经济增长的影响。研究发现，中国地方政府债务存在比较明显的门限效应，当负债率高于 112% 时，原先对经济增长的正向效应基本趋近于无。张晓晖和张传娜（2020）利用东北三省 111 个县市的面板数据，构建了双门槛面板回归模型。实证结果表明，地方政府债务对经济增长存在显著的门槛效应，且存在 8.82% 和 24.34% 两个门槛值；当地方政府负债率低于 24.34% 时，地方政府债务增加有利于促进经济增长，且当地方政府负债率处于 8.82% ~ 24.34% 时，增加地方政府债务对经济增长的作用比地方政府负债率低于 8.82% 时大，而当地方政府负债率大于 24.34% 时，增加地方政府债务不会对经济增长产生显著影响。毛捷和黄春元（2018）运用地级市层面的数据研究发现，地方政府债务与经济增长之间存在"倒 U 形"关系，地方政府债务低于平衡点时有利于经济增长，超过平衡点时则会阻碍经济增长。韩健和程宇丹（2018）研究发现，地方政府债务规模增加对区域经济增长的影响呈"倒 U 型"，存在显著的阈值效应，当政府债务/GDP 超过一定比例时，负面作用开始显现。特别是对于我国西部地区和债务规模较高的地区，政府债务规模扩张对经济增长有显著的负面效应。白积洋和刘成奎（2022）基于中国省级面板数据研究得出，中国省级政府的财政空间和经济增长之间存在"倒 U 型"关系，当政府负债率高于财政空间的临界点（或较低的财政空间）时，政府债务增加会阻碍经济增长。

（二）对债务阈值效应的质疑

在 Reinhart 和 Rogoff（2010a，b）提出债务阈值论后，学术界涌现出大量有关政府债务对经济增长影响的实证文献，但也有不少学者对债务阈值论提出了质疑，他们认为政府债务对经济增长的影响并不存在稳定的单一关系。Égert（2012）按照 Reinhart 和 Rogoff（2010a，b）的运算得出，尽管政府债务与经济增长之间存在非线性关系，但是其结论却容易受到个体效应、数据频率和时间区间等因素的影响，而且负债率达到 20% ~60% 时就已经存在阈值效应，90% 并不是一个绝对的临界点。Herndon 等（2014）研究发现，Reinhart 和 Rogoff（2010a，b）不仅排除了高债务和高增长率的年份，未考虑跨年份的时间差异，而且还存在一些编程与计算上的错误，所以他们得出的结论并不能证明债务阈值对经济增长的影响存在差异。Pescatori 等（2014）分别考察了短期和长期政府债务与经济增长之间是否存在门限效应。研究结果表明，经济中长期增长并不存在一个特定的债务"门限值"，而且债务变化轨迹与债务水平在解释未来经济增长前景方面同样重要，因为债务水平高但趋于不断下降的国家能与低债务国家保持同样快的增长速度。Eberhardt 和 Presbitero（2015）考虑了跨国层面的差异性并建立模型研究了政府债务与经济增长的非线性特征，研究结果表明：国家间的政府债务与经济增长之间存在负相关，但是没有证据表明一国内部债务存在相似的阈值效应。他们主要做了以下三个方面的改进：第一，在实证分析中考虑了可能存在的内生性问题，通过实证模型和时间序列方法研究了政府债务与经济增长之间的长期均衡关系；第二，在构建实证模型时，考虑了各国政府债务与长期经济增长的异质性，并将这种异质性扩展到决定政府债务与经济增长的不可观测因素，由于考察了参数的异质性和截面相关问题，实证模型不仅契合了经济理论和数据有限的事实，而且也得到了比较好的回归结果；第三，采用了各种实证估计和检验方法论证了政府债务与经济增长之间的非线性关系，同时考察了国内层面和国际层面政府债务与经济增长间的非线性关系。

四、政府债务与经济增长的因果关系检验

除了考察政府债务对经济增长的线性效应和非线性效应，学术界还探讨了政府债务与经济增长二者之间可能存在的因果关系。Easterly（2001）研究发现，经济低速增长降低了税收收益和财政盈余，如果不存在财政调节，那么负债率将会上升。而且，他还研究发现，经济低速增长是导致二十世纪八十年代中等收入国家发生债务危机的重要原因，也是引起二十世纪八九十年代高债务贫穷国家发生危机的导火索，更是导致同时期工业化国家债务负担急剧增加的"罪魁祸首"。Abbas 和 Christensen（2007）以低收入国家和新兴市场国家 1975—2004 年的面板数据为样本，采用格兰杰因果关系检验方法检验了政府内债与经济增长之间的关系。他们研究发现，政府债务与经济增长之间存在显著的双向因果关系，政府内债对人均收入的影响为正，人均收入对政府内债的影响也为正但显著性不是很强。Jayaraman 和 Lau（2009）运用格兰杰因果关系检验方法验证了 6 个太平洋岛国 1985—2004 年外债与经济增长之间的关系，实证研究发现，实际产出指数与外债/GDP、赤字/GDP 之间并不存在长期的格兰杰因果关系；但是，在短期内外债与经济增长之间存在双向因果关系。Butts（2009）运用 27 个拉丁美洲和加勒比海国家 1970—2003 年的数据，实证检验了经济增长与短期外债的格兰杰因果关系，结果表明对于许多国家而言，经济增长与外债存在双向格兰杰因果关系；以 13 个拉丁美洲和加勒比海国家为样本得出的实证结论表明，经济增长是导致短期外债变化的格兰杰原因。Ferreira（2009）检验了政府债务与人均实际 GDP 增长率之间的格兰杰因果关系，以财政盈余额/GDP 和一般政府债务规模/GDP 作为政府债务的代理变量，以 20 个 OECD 国家 1988—2001 年的面板数据为样本，研究发现政府债务与经济增长之间存在双向因果关系。在此基础上，Ferreira（2014，2016）

以 28 个欧盟国家 2001—2012 年的数据为样本，分析了政府内债、政府外债及私人债务三种类型债务与实际 GDP 增长之间的双向因果关系，格兰杰因果估计结果表明，无论是在 2008 年国际金融危机爆发前还是金融危机爆发后，政府债务与经济增长之间均存在双向因果关系，而且经济增长有利于削减政府债务水平。谢子远（2008）在分析国债的通货膨胀效应时，除了从传统的角度进行考虑，还基于模型得出：当面临高额债务时，政府可能会有意识地"制造"通货膨胀，以增加铸币税收入和减少偿债压力。同时，他的实证研究结果表明，在 1982—2005 年整个样本区间，国债与物价水平之间并不存在因果关系。

不少学者也对政府债务与经济增长之间的因果关系提出了质疑。Panizza 和 Presbitero（2013）基于 OECD 国家的样本数据，采用工具变量法研究了政府债务对经济增长的影响是否存在因果效应。研究发现，政府债务与经济增长之间存在负相关，这与现有文献的结论基本一致。但是，相关性并不意味着因果关系，政府债务与经济增长之间的负向关系可能是由于经济低速增长导致了高债务水平。因此，他们构建了一个反映外币债和汇率波动交叉效应的工具变量代替债务进行研究，发现政府债务与经济增长之间并不存在负相关，而且一系列稳健性检验表明，政府债务与经济增长并不存在因果关系，所以政府债务与经济增长的负向关系并不能作为实施财政紧缩的理由。Bell 等（2015）运用 Reinhart 和 Rogoff 的数据研究发现，当考虑了时间因素后，政府债务只能解释一小部分国家的经济增长，而且从样本点出现次数来看，政府债务/GDP 超过 90% 出现的情形是非常有限的。Puente-Ajovin 和 Sanso-Navarro（2015）以 16 个 OECD 国家 1980—2009 年的数据为样本，运用面板自回归因果检验方法研究政府债务、非金融部门的私人债务与经济增长之间的关系。研究结果表明，政府债务并不是引起经济增长发生变化的格兰杰原因，但是经济增长却是引起政府债务发生变化的格兰杰原因。Gómez-Puig 和 Sosvilla-Rivero（2015）基于欧洲经济和货币联盟（EMU，European Economic and Monetary Union）国家 1980—2013

年的数据得出结论，当考虑了样本国家和样本区间的异质性后，并没有充分的证据表明 EMU 国家政府债务的变化与经济增长之间存在双向因果关系。而且他们还进一步研究发现，2009 年以来西班牙存在低增长和高债务的"恶性循环"；但是对于比利时、希腊、意大利及荷兰来说，2007—2009 年政府债务对经济增长的影响为负，而且债务阈值点因国家不同而存在差异，但均位于 56% ~ 103% 的区间。Dritsaki（2013）基于希腊 1960—2011 年的数据，运用向量误差修正模型（VECM）考察了经济增长、出口与政府债务之间的因果关系，研究结果表明，在短期内从出口到经济增长和从经济增长到政府债务存在单向的因果关系，但是出口与政府债务二者之间并不存在因果关系；而长期看从经济增长到政府债务存在单向的因果关系。Vita 等（2018）基于 10 个欧元区国家和美国、英国、日本 1970—2014 年的面板数据，运用线性与非线性方法检验了政府债务与经济增长之间的双向因果关系。研究发现，不管是从哪个方向来看，政府债务与经济增长之间的因果关系都比较弱。同时，运用双变量的格兰杰因果关系检验表明，在大多数样本国家，政府债务与经济增长之间的因果关系效应在长期并不成立；双向因果关系仅对奥地利适用，而对于法国、卢森堡和葡萄牙，仅存在从政府债务到经济增长的单向因果关系；对于芬兰、西班牙及意大利，在短期内政府债务与经济增长存在因果关系。

国内学者对政府债务与经济增长之间的因果关系研究较少。陈梦根和尹德才（2016）以金砖国家和部分 OECD 国家的面板数据为样本，采用最新的线性与非线性格兰杰因果关系检验方法，考察了政府债务与经济增长二者间关系的动态演变趋势。实证研究结果表明，政府债务与经济增长之间不存在显著的因果关系，没有证据表明政府债务增加能促进经济增长。此外，滚动窗口的检验结果表明，从经济增长到政府债务的单向因果关系比较明显，但是政府债务与经济增长之间的因果关系受到样本国家和样本区间差异的影响而表现出明显的异质性。

第三节　政府债务影响经济增长的主要渠道

一、政府债务、利率与经济增长

政府债务对经济增长的影响，在很大程度上取决于政府债务的增加是否提高了真实利率。一般而言，巨额政府赤字与高利率之间的关系主要表现在两个方面。第一，政府债务增加会推动利率上升，对私人投资产生挤出效应。真实利率较高，对利率敏感的私人投资者来说，会导致融资成本上升，因而会降低资本积累。在这种情形下，增加政府债务会对经济的潜在增长产生不利影响。第二，公共资本的正外部效应表现为对民间投资的拉动。若国债规模较小，将国债资金用于基础设施等公共建设项目，那么国债的发行将会拉动经济增长。同时，因受货币政策的影响，国债对利率的推动作用也会在一定程度上受到抑制，此时对私人投资的挤出效应也会降低，最终国债对投资的总体影响表现为正。在此情形下，政府债务的增加会有利于推动经济增长。Diamond（1965）研究发现，国债发行对利率变动的影响，受到国债利率与经济增长率之间差异程度的制约。当利率水平高于经济增长率时，国债规模的增加将会促使利率上涨，从而不利于经济增长。国债的经济效应存在不确定性，它依赖于国债利率与经济增长率之间对比关系的变化。Bohn（1998）和 Lin（2000）的研究也得出了类似的结论。Blanchard 和 Fisher（1989）通过构建简单的模型得出，在初期财政赤字对短期利率的影响较小，由于预期政府赤字会增加，对未来短期利率的影响较大，这样短期利率会提高并最终抬升长期利率。Turnovsky（1989）假定经济人具有理性预期，并且基于一个完备的宏观经济模型得出，财政政策是否长久、是否被预期到会对期限结构的行为产生影响；如果财政政策未被预期到，那么永久性的财政扩张会对预期的未来利率产生更大的影响，因此通过期限结构会引起当期的长期利率更大程度的上涨。Gale 和 Orzag（2003）、Baldacci 和 Kumar（2010）认为高额的财政赤字和政府债务增加将提高长期利率，进而影响经济增长。刘迎秋等（2010）在IS-LM分析框架的基础上，通过对债务率与经济增长关系的实证研究发现，在中国现阶段，债务率的上升对实际利率的上升有一定的直接抑制作用。另外，他们还进一步指出，国内学者对国债效应的争论主要是由三个问题引起，即债务规模核算口径的选取问题、债务规模核算指标种类选取的问题以及债务警戒线标准的选取问题。

众多学者还从实证层面检验了财政赤字和利率之间的关系。Mascaro和Meltzer（1983）、Hoelscher（1983）、Dewald（1983）、Plosser（1987，2006）和Evans（1987，2006）的实证研究结果表明，财政赤字与利率之间并不存在显著的相关性。刘溶沧和马拴友（2001）利用中国1984—1999年的数据，以实际GDP、货币供给、实际中央预算赤字和通货膨胀率为解释变量对1~3年期固定资产投资贷款利率进行回归；最小二乘法的估计结果显示，虽然整个模型的拟合优度很好，但是无论是当期赤字还是之后1~4期赤字，它们与利率之间均不存在显著的相关关系，而且即使把被解释变量变换成一年期定期存款利率，赤字与利率的相关关系仍然不明显，其原因是1984—1999年，中央预算赤字主要是以国债的方式筹集。但是，Makin（1983）、Tanzi（1985）、Lutz和Tanzi（1991）以及Spiro（1990）的研究发现，财政赤字的大幅上升将会引起利率上涨。

此外，还有一些学者从实证角度研究了政府支出对私人投资的"挤出效应"。Aschauer（1989）运用美国1953—1986年的数据，探讨了公共投资、公共军事资本的积累对私人投资的影响。研究发现，若控制住了公共资本对私人收益率的影响，那么非军事公共资本的积累将会导致私人资本存量的等额下降，军事资本和公共消费支出对私人投资的影响较小；非军事公共资本对私人资本的收益率有正向的影响，军事公共资本对私人投资收益率的影响在数量方面很小，但具有统计显著性；而且进一步的模拟结果显示，公共投资对私人投资的净效应很小，负效应被抵消，正效应居于主导地位，公共投资的增加可能会促进私人投资。Mataya 和 Veeman

（1996）基于马拉维 1967—1988 年公共部门和私人部门的投资数据，运用两阶段最小二乘法进行实证检验。研究结果表明，私人投资与利率存在负相关，而且预期产出和公共投资水平存在正相关。Tanner（1979）运用生命周期法构建了消费方程，基于美国 1929—1974 年的年度数据进行回归。研究结果表明，财政盈余（赤字）对私人消费支出具有扩张（紧缩）效应。因此在政府债务支出水平给定的情形下，减税的扩张性并没有人们通常认为的那样大。

二、政府债务、通货膨胀与经济增长

用相对稳定的物价来说，通货膨胀会影响人们的预期，从而影响人们投资和消费的积极性。因此，一旦物价超出合理的通货膨胀范围，将会对经济增长产生负面效应。正因为通货膨胀会对经济增长产生较大的负面效应，所以不少学者对此进行了研究。目前，有关政府债务与通货膨胀之间关系的研究主要集中在以下几个方面。

第一，政府债务的变化通过多种途径对物价水平产生影响。首先，国债可通过影响货币供应量来对物价水平产生影响。如果政府债务增加对货币供应量产生扩张效应，那么政府债务增加将会对物价水平产生影响。其次，国债可通过影响实际产出而对经济增长产生影响。在非充分就业的情形下，政府债务如果增加，则可以动员社会上的闲置资源；货币供应量如果未有相应增长，那么会对物价水平产生向下的压力。最后，国债发行会影响人们的消费行为，进而对物价水平产生影响。一般而言，国债能调节跨期消费。假如国债的实际利率较高，那么人们会把当前的消费资金用于购买国债，从而推迟消费，最终使本期物价水平下降。反过来，假如国债的实际利率较低，那么人们可能会将持有的国债出售，在没有更合适的金融资产选择的背景下，会将出售国债的资金用于消费，从而增加当前的总需求，最终导致物价水平上升。Barro（1979）、Dotsey（1994）研究认为，当前增加政府债务意味着需要在未来提高税率来偿还，因而会影响社会需求和经济增长。Sargent 和 Wallace（1981）、Barro（1990）、Cochrane（2011）认为，通货膨胀也是政府债务影响经济增长的一个重要形式；由于债务危机可能会引发银行危机或货币危机，因此在此情形下，政府增加债务规模可能会增强其对经济增长的负面效应。Aghion 和 Kharroubi（2008）、Woo（2009）研究发现，高政府债务规模会削弱逆周期财政政策的效果，从而导致未来经济呈现出"低增长、高波动"的特征。Buiter 和 Kletzer（1992）总结了公共债务的负担问题，并指出公共部门赤字的增加会引起通货膨胀出现概率的增加和公众对公共债务拒付的担心。

第二，政府债务与通货膨胀之间的效应还必须考虑政府部门的特定行为。Bleaney（1996）分别构建了一次性发行国债时的模型和连续发行国债时的模型，研究发现在国债发行前，政府会向公众承诺在国债存续期间保持较低的通胀率，但是当国债发行完毕后，政府又具有制造通货膨胀压力的倾向；在通常情况下，为了减轻偿债负担，政府会有提高通货膨胀水平的倾向，但是政府是否会选择这一方案，仍然受到其他因素的制约，如国债余额、公众反应以及国债平均存续时间等，这些因素在国债存续期内会严重影响政府的损失函数；假如政府预计通货膨胀带来的利益小于其弊端，那么政府可能会避免采取可以提高通货膨胀率的政策；假如政府预计通货膨胀可以为自身带来净利益，那么政府可能会考虑实施提高通货膨胀率的政策。

此外，国内的一些学者还对国债与通货膨胀之间的关系进行了实证检验。陈时兴（2001）研究了中国 1986—1998 年外债余额增长率、狭义货币增长率、内债余额增长率与之后一年期的通货膨胀率的变动趋势。研究结果表明，上述几个变量经济周期波动的特征大体相同，可见国债余额的增长存在通货膨胀效应。刘华（2004）分析了中国 1985—2000 年国债余额、物价指数以及每年国债发行额的变化趋势，结果发现国债并不是影响中国物价走势的主要原因。郭红玉（2005）考察了中国的货币供应量增长率、国债余额增长率和通货膨胀率之间的关系。研究发现，在 20 世纪 90

年代中期之前，国债与通货膨胀之间表现为同方向变化；但是到了 20 世纪 90 年代末，国债余额与通货膨胀之间的相关性已大大降低。通过梳理上述政府债务与通货膨胀之间的关系，研究发现：第一，许多学者目前主要是直观分析相关变量的变化趋势，对国债与通货膨胀之间关系的研究尚缺规范；第二，许多学者对国债与通货膨胀二者之间关系的研究结论仍未达成一致意见，一些学者认为国债具有通货膨胀效应，而另一些学者却认为没有，国债影响通货膨胀的机制亟待深入剖析。

三、政府债务、人力资本与经济增长

增加人力资本的投入能促进经济增长。Uzawa（1965）和 Lucas（1988）最先在内生增长模型中引入人力资本要素，模型中代表性消费者决定分配多少时间用于物质生产、分配多少时间接受教育和形成人力资本。Rebelo（1991）进一步将模型中的资本划分为物质资本和人力资本。但是，这些模型并没有提到政府可以将公共资源投资于教育部门从而推动人力资本形成和促进经济增长。Glomm 和 Ravikumar（1992）、Blankenau 和 Simpson（2004）认为人力资本积累来源于私人或公共服务。Ni 和 Wang（1994）、Beauchemin（2001）认为人力资本形成仅源于公共支出；如果我们考虑政府支出会影响人力资本形成过程，而政府税收收入和赤字大小对政府支出产生重要影响，那么政府预算规则将会影响人力资本形成和经济增长。Turnovsky（1989）利用无限期个体的内生增长模型证明，将赤字融资用于生产性公共支出会提高长期经济增长速度，其原因是在无限期个体的内生增长模型中，赤字融资并不会造成任何资源扭曲，因此生产性公共支出增加会促进经济增长；如果我们将预算体制纳入内生增长模型，那么面对不断增加的政府债务，政府必须坚持预算平衡，因此在未来将会减少财政支出和提高税率，从而降低长期经济增长速度。Greiner（2008）认为将赤字融资用于教育部门有利于促进资本形成。因此，他将人力资本和政府债务同时引入内生增长框架，将财政盈余/GDP 设定为债务/GDP 的线性函数且证明二者存在正相关。研究结果表明，一方面长期宽松的财政政策并不能确保经济增长可持续，因为财政政策过于宽松会挤出私人投资，最终不利于长期经济增长；另一方面，财政政策过于紧缩将导致人力资本投资不足，最终也不利于经济的长期增长。Greiner（2012）将有弹性的劳动力供给和政府部门引入 AK 增长模型。在该模型中，政府征收扭曲性的收入税和发行债券，将财政资金用于一次性的转移支付和非扭曲性的公共支出。研究结果表明，如果政府调整公共支出以满足跨期预算约束，那么债务比例越高，经济增长速度越小；如果政府实施的是一次性转移支付政策，那么债务比例的变化并不会影响平衡增长率。

同时，还有众多学者基于内生增长框架探讨了政府债务对经济平衡增长率的影响。Greiner（2008）研究表明：第一，均衡预算情形下的长期经济增长率高于政府债务保持平衡的情形。第二，由赤字融资支持的公共投资提高了过渡期的经济增长率，但是如果政府仍保证债务/GDP 在长期一直为正，那么公共投资增加仅引起较小的长期经济增长率变化。只有在政府回归到平衡预算情形或政府债务增长慢于资本和产出增长时，暂时性的赤字融资支持的公共投资会提高过渡期的经济增长率，但并不会导致长期经济增长率发生微小的变化。第三，针对福利效应，政府债务以平衡增长率的速度增加所带来的福利水平不仅要低于政府债务维持平衡预算下的福利水平，而且要小于政府债务的增加低于资本和产出增长速度情形下的福利水平。进一步比较发现，当政府债务增长速度低于资本和产出增长速度时，政府债务增加所带来的福利效应要低于政府债务增长速度保持不变（平衡预算收支）的情形。Greiner（2013）将生产性公共投资引入内生增长框架，并在此基础上考虑政府债务对平衡增长的影响。研究结果表明，相机抉择的财政政策违背了实现平衡增长所要求的跨期预算约束。如果遵守特定的财政规则，那么平衡增长路径上就存在两个鞍点稳定解，其成立的前提依赖于消费的跨期替代弹性和财政盈余政策。进一步，当且仅当平衡增长率低（高）于特定的临界值时，将赤字融资用于增加公共支出可以提高（降低）经济平衡增长率。

Teles 和 Mussolini（2014）利用内生增长的理论框架，证明了考虑政府债务时生产性支出对经济增长有负面影响。他们认为主要原因是政府负债使年轻人的一部分储蓄用于支付老年人的债务利息，结果用于生产性的政府支出份额减少，从而降低了增长的边际效应。Kamiguchi 和 Tamai（2012）推导了政府债务与经济增长的可持续性条件，并探讨了政府债务和收入税对经济增长的影响。研究表明，如果政府遵守预算盈余规则，只要政府长期将政府债务与 GDP 之比控制在一个合理的范围，那么政府债务与经济增长能同时保证可持续，而且政府债务与 GDP 之比上升将降低长期平衡增长率。

此外，一些学者将地方政府债务、腐败与经济增长纳入同一分析框架。徐文芸等（2021）研究表明，地方政府债务规模扩大会抑制经济增长，腐败对经济增长的直接影响并不显著，但是腐败可以作用于地方政府债务并间接对经济增长产生负面影响，而且这种影响还存在区域异质性。

第四节　文献简评

通过梳理现有文献我们可以发现，当前研究存在以下几个方面的不足：

第一，有关政府债务对经济增长影响的实证文献较多，但是理论研究成果偏少，对政府债务阈值效应的理论研究仍然不够深入。

第二，无论是从理论层面还是实证角度分析政府债务与经济增长之间的关系，其研究结果尚未达成一致，而且使用的数据比较有限。尽管有不少学者研究了发达国家或发展中国家政府债务对经济增长影响的差异，但是鲜有文献专门比较欧元区和 G7 国家、新兴经济体政府债务阈值点的差异。

第三，大多数实证文献主要从总体政府债务规模视角来探讨政府债务与经济增长的非线性效应，而鲜有文献从债务结构角度来研究政府债务的阈值效应。

第四，多数经验文献集中研究政府债务对经济增长的单向影响，并在此基础上得到政府债务阈值，但是忽略了经济增长对政府债务可能产生的反作用。

基于以上问题，本书在余下部分主要做了以下几个方面的改进：

第一，基于世代交叠模型和引入生产性公共投资的内生增长框架，从理论层面论证了政府债务对经济增长的影响存在阈值效应。

第二，除了理论分析，还从债务规模和债务结构两个视角分别研究了政府债务与经济增长的非线性效应，并得出相应的债务阈值，在此基础上重点比较了欧元区和 G7 国家、新兴经济体政府债务阈值点的差异并深入探讨其原因。

第三，除了考察政府债务对经济增长的单向影响，还基于面板 VAR 模型研究了政府债务与经济增长二者之间可能存在的双向因果关系。

第三章 政府债务影响经济增长的非线性效应机制

政府债务与经济增长的关系一直是宏观经济领域研究的热点。在理论研究方面，有关政府债务影响经济增长的代表性观点主要有凯恩斯的债务正向效应论、债务的负向效应论以及"李嘉图等价定理"。这三种代表性的理论观点探讨的均是政府债务与经济增长之间的线性关系，但是政府债务对经济增长的影响可能还存在非线性效应。尽管已有大量的经验文献证实了政府债务影响经济增长的非线性效应的存在，但是相关的理论研究仍然比较薄弱，亟待深入研究。本章基于世代交叠模型和引入生产性公共投资的内生增长模型，力图在理论层面论证政府债务与经济增长之间存在的非线性效应和可能的政府债务"阈值"。

第一节 基于世代交叠模型的非线性效应机制

自 Reinhart 和 Rogoff（2010）提出政府债务与经济增长之间存在"倒 U 型"关系后，学术界涌现出了大量有关政府债务阈值的经验研究，但是鲜有文献从理论层面论证政府债务与经济增长之间的非线性关系。本部分在 Lin（2000）研究的基础上，尝试构建一个政府债务影响经济增长的非线性效应理论分析框架。

假设经济体生产两种产品：一种是物质资本，可用于消费或投资；另一种是人力资本。消费者个体（individuals）一生会经历三个时期：第一个时期是学习，积累人力资本；第二个时期是工作，积攒储蓄；第三个时期是退休和消费储蓄。消费者个体在不同代际间是同质的且不存在人口增长，政府财政支出的资金来源于征税和债务融资。

一、基本框架

（一）生产者部门

设 H_t、K_t 代表 t 时期的人力资本和物质资本，生产函数表现出规模报酬不变的特征。于是 t 时期的产出函数可表示为：

$$Y_t = F(H_t, K_t) = H_t f(k_t) \tag{3.1}$$

其中，$k_t = K_t / H_t$ 代表物质资本与人力资本之比。假设要素市场完全竞争，于是要素回报率等于其边际产量，即有以下方程成立：

$$1 + r_t = \partial Y_t / \partial K_t = f'(k_t) \tag{3.2}$$

$$w_t = \partial Y_t / \partial H_t = f(k_t) - k_t f'(k_t) \tag{3.3}$$

人力资本通常会受到四个因素的影响：年老一代人的人力资本状况、物质资本，政府在人力资本上的投入，以及年轻一代在人力资本积累上所花费的时间。基于 Glomm 和 Ravikumar（1992）的研究，本书假设每个年轻人拥有一单位时间，一部分用于休闲，另外一部分用于人力资本积累。令 G_t 为 t 时期政府在人力资本上的财政支出，l_t 为用于休闲的时间，$1 - l_t$ 为分配在人力资本积累上的时间。因此，人力资本的生产函数可表示为：

$$H_{t+1} = \varphi \left[(1 - l_t) H_t \right]^\alpha G_t^{1-\alpha} = \varphi (1 - l_t)^\alpha H_t g_t^{1-\alpha} \tag{3.4}$$

其中，$0 < \alpha < 1$，$g_t = \dfrac{G_t}{H_t}$ 表示 t 时期政府支出与人力资本之比。

定义产出增长率为：$\gamma_{t+1} = \dfrac{Y_{t+1} - Y_t}{Y_t} = \dfrac{Y_{t+1}}{Y_t} - 1$，联立方程（3.1）和方程（3.4）可得：

$$\gamma_{t+1} = \frac{H_{t+1}}{H_t} \frac{f(k_{t+1})}{f(k_t)} - 1 = \varphi (1 - l_t)^\alpha g_t^{1-\alpha} \frac{f(k_{t+1})}{f(k_t)} - 1 \tag{3.5}$$

从方程（3.5）可以看出，产出增长率依赖于物质资本与人力资本之比（k_t）、政府支出与人力资本之比（g_t）、年轻人在人力资本积累上所付出的努力（$1 - l_t$）以及技术参数（φ）。

（二）消费者部门

与 Lin（2000）不同的是，本书假设初期为 t 且从第二期（$t + 1$）开始消费者的效用水平不仅与其消费量（c_{t+1}^t）相关，而且还受到时间偏好率（ρ）的影响①，于是将代表性消费者的效用函数设定为如下形式：

$$U(c_{t+1}^t, c_{t+2}^t, l_t) = \log(l_t) + \rho\log(c_{t+1}^t) + \rho^2\log(c_{t+2}^t), \quad 0 < \rho < 1$$

$$(3.6)$$

消费者面临的预算约束为：

$$c_{t+1}^t + \frac{c_{t+2}^t}{1 + r_{t+2}} \leqslant H_{t+1}(w_{t+1} - \tau_{t+1}) \tag{3.7}$$

其中，ρ 表示消费者不变的时间偏好率；c_{t+j}^t 表示出生于 t 时期的消费者个体在 $t + j$ 时期的消费量（$j = 1, 2$）；$\tau_{t+1} = T_{t+1} / H_{t+1}$，$T_{t+1}$ 为 $t + 1$ 时期的总量税；r_{t+2} 表示从 $t + 1$ 期到 $t + 2$ 期的物资资本回报率。于是可得消费者效用最大化的一阶条件如下：

$$c_{t+1}^t = \frac{H_{t+1}(w_{t+1} - \tau_{t+1})}{1 + \rho} \tag{3.8}$$

$$c_{t+2}^t = \frac{\rho(1 + r_{t+2})H_{t+1}(w_{t+1} - \tau_{t+1})}{1 + \rho} \tag{3.9}$$

$$S_{t+1} = H_{t+1}(w_{t+1} - \tau_{t+1}) - c_{t+1}^t = \frac{\rho}{1 + \rho}H_{t+1}(w_{t+1} - \tau_{t+1}) \tag{3.10}$$

其中，S_{t+1} 表示消费者个体在 $t + 1$ 时期的储蓄。令 $s_{t+1} = \frac{S_{t+1}}{H_{t+1}}$，则有：

$$s_{t+1} = \frac{\rho}{1 + \rho}(w_{t+1} - \tau_{t+1}) \tag{3.11}$$

---

① Lin（2000）假设消费者的效用水平仅在第三期（$t + 2$）受到时间偏好率（ρ）的影响，并将效用函数设定为：$u(c_{t+1}^t, c_{t+2}^t) = \log(l_t) + \log(c_{t+1}^t) + \rho\log(c_{t+2}^t)$。

（三）政府部门

政府部门支出的资金来源主要有两个：一是征收总量税，二是发债融资。于是，政府的预算约束方程可写为：

$$B_{t+1} + T_t = G_t + (1 + r_t) B_t \tag{3.12}$$

其中，B_t 表示 $t-1$ 期末的政府债务量。将方程（3.12）整理可得：

$$b_{t+1}(1 + \gamma_{t+1}) \frac{f(k_t)}{f(k_{t+1})} - (1 + r_t) b_t = g_t - \tau_t \tag{3.13}$$

其中，$b_t = B_t / H_t$，$g_t = G_t / H_t$，$\tau_t = T_t / H_t$。

为达到竞争均衡，则必须满足：$S_t = K_{t+1} + B_{t+1}$，于是有：

$$s_t = \frac{H_{t+1}}{H_t}(k_{t+1} + b_{t+1}) = \varphi(1 - l_t)^\alpha g_t^{1-\alpha}(k_{t+1} + b_{t+1})$$

$$= (1 + \gamma_{t+1}) \frac{f(k_t)}{f(k_{t+1})}(k_{t+1} + b_{t+1}) \tag{3.14}$$

二、比较静态分析

当经济处于稳态时，所有变量的增长率均保持不变，与时间 t 无关，即有 $w_{t+1} = w_t = w, \gamma_{t+1} = \gamma_t = \gamma, k_{t+1} = k_t = k, s_{t+1} = s_t = s, g_{t+1} = g_t = g, \tau_{t+1} = \tau_t = \tau, b_{t+1} = b_t = b$。于是，稳态均衡条件下有以下方程式成立：

$$1 + r = f'(k) \tag{3.15}$$

$$w = f(k) - k f'(k) \tag{3.16}$$

$$\frac{\rho}{1+\rho}(w - \tau) = (1 + \gamma)(k + b) \tag{3.17}$$

$$b(\gamma - r) = g - \tau \tag{3.18}$$

$$\gamma = \varphi(1 - l)^\alpha g^{1-\alpha} - 1 \tag{3.19}$$

将方程（3.17）两边分别对 b 求导可得：

$$\frac{\rho}{1+\rho}\frac{dw}{dr}\frac{dr}{db} = (1 + \gamma)(\frac{dk}{dr}\frac{dr}{db} + 1) + \frac{d\gamma}{db}(k + b) \tag{3.20}$$

将方程（3.18）代入方程（3.19）两边分别对 b 求导并整理可得：

$$\frac{d\gamma}{db} = \frac{(1-\alpha)(1+\gamma)(\gamma - r - bdr/db)}{g - b(1-\alpha)(1+\gamma)} \tag{3.21}$$

将方程（3.21）代入方程（3.20）并整理可得：

$$\frac{dr}{db} = \frac{(k+b)\dfrac{(1-\alpha)(1+\gamma)(\gamma - r)}{g - b(1-\alpha)(1+\gamma)} + 1 + \gamma}{\Psi} \tag{3.22}$$

其中，$\Psi = \dfrac{(1-\alpha)(1+\gamma)b}{g - b(1-\alpha)(1+\gamma)}(k+b) - (1+\gamma)\dfrac{dk}{dr} + \dfrac{\rho}{1+\rho}\dfrac{dw}{dr}$。若动态系统达到稳态，必须要求 $\Psi > 0$。将方程（3.22）代入方程（3.21）可得：

$$\frac{d\gamma}{db} = \frac{(1-\alpha)(1+\gamma)(\gamma - r)}{g - b(1-\alpha)(1+\gamma)} -$$

$$\frac{b(1-\alpha)(1+\gamma)\left[1 + \gamma + \dfrac{(k+b)(1-\alpha)(1+\gamma)(\gamma - r)}{g - b(1-\alpha)(1+\gamma)}\right]}{\Psi[g - b(1-\alpha)(1+\gamma)]}$$

$$\tag{3.23}$$

为了便于分析，假设 $b = 0$，那么方程（3.23）可变为：

$$\frac{d\gamma}{db} = \frac{(1-\alpha)(1+\gamma)(\gamma - r)}{g}, \quad 0 < \alpha < 1 \tag{3.24}$$

由方程（3.24）可知，政府债务对经济增长的效应主要依赖于初期政府债务水平（b）及经济增长速度（γ）与实际利率（r）之间的差额大小。

当 $\gamma > r$ 时，$\dfrac{d\gamma}{db} > 0$；当 $\gamma < r$ 时，$\dfrac{d\gamma}{db} < 0$。由此可以判断，政府债务对经济增长的影响并非表现为单一的正向（或负向）效应，而是呈现"倒U型"特征的非线性效应，并且存在政府债务阈值。

第二节　引入生产性公共投资的非线性效应机制

一、模型设定

本部分基于 Greiner 和 Hanusch（1998）的研究，将生产性公共投资引入内生增长框架以分析政府债务与经济增长之间的非线性效应。

（一）消费者部门

假设经济体中存在大量理性的同质消费者，他们的目标是在既定的约束条件下追求效用的最大化，并且他们在无限生命周期内的消费量为 $C(t)$。经济体中的人口增长率为常数且单位化为 1。为表述方便，忽略时间变量 t，于是代表性消费者的效用最大化问题可写为：

$$\max_{C} \int_0^{\infty} e^{-\rho t} \ln C \, dt \tag{3.25}$$

消费者预算约束条件为：$\dot{K} + \dot{B} = rB + (1 - \tau)Y - C$ $\qquad$ (3.26)

其中，ρ 代表消费者的时间偏好率，r 为利率。Y 代表经济体的产出水平，K 表示私人资本，不考虑折旧率。B 代表公共债务水平，τ 表示对产出征收的税率，假设 $0 < \tau < 1$。

（二）生产者部门

假设生产函数为如下方程：

$$Y = A K^{1-\alpha} G^{\alpha} \tag{3.27}$$

其中，α 表示公共投资的产出弹性，$1 - \alpha$ 表示私人资本的产出弹性，A 是技术系数，G 表示公共资本。假定 $0 < \alpha < 1$。为达到利润最大化的目标，必须要求利率水平等于私人资本的边际产量，即有如下均衡条件：

$$r = (1 - \tau)(1 - \alpha) A K^{-\alpha} G^{\alpha} \tag{3.28}$$

（三）政府部门

假设经济体中政府部门的预算约束条件如下：

$$\dot{B} = rB - \tau Y + I_g \tag{3.29}$$

其中，I_g 代表公共投资。由于不存在折旧率，于是有以下方程成立：

$$G = I_g \tag{3.30}$$

我们假定政府遵守跨期预算约束条件，那么有 $\lim\limits_{t \to \infty} e^{-rt}B(t) = 0$ 成立。同时，我们还假设政府遵守公共融资的黄金规则，即政府赤字要小于或等于公共投资，于是有以下等式：

$$\dot{B} = \theta I_g, 0 \leq \theta \leq 1 \tag{3.31}$$

二、模型长期均衡分析

为了对模型进行长期均衡分析，我们必须先求出各变量增长率的表达式。为解决消费者效用最大化问题，我们先构造当前值的汉密尔顿函数如下：

$$H = \ln C + \lambda \left[rB + (1 - \tau)A K^{1-\alpha} G^{\alpha} - C \right]$$

于是可得消费者效用最大化的均衡条件为：

$$\frac{1}{C} = \lambda \tag{3.32}$$

$$\dot{\lambda} = \rho\lambda - \lambda(1 - \tau)(1 - \alpha)A K^{-\alpha} G^{\alpha} \tag{3.33}$$

联立方程（3.32）、方程（3.33）可得消费增长率为：

$$\gamma_C = \frac{\dot{C}}{C} = -\rho + (1 - \tau)(1 - \alpha)A K^{-\alpha} G^{\alpha} \tag{3.34}$$

联立消费者预算约束方程（3.26）和政府预算约束方程（3.29）可得私人资本增长率为：

$$\gamma_K = \frac{\dot{K}}{K} = A\left(\frac{G}{K}\right)^{\alpha} - \frac{C}{K} - \left(\frac{I_g}{G}\right)\left(\frac{G}{K}\right) \tag{3.35}$$

同时，联立方程（3.29）、方程（3.30）及方程（3.31）可得公共债务和公共资本的增长率为：

$$\gamma_B = \frac{\dot{B}}{B} = \frac{\theta \dot{G}}{B} = \theta\left(\frac{G}{K}\right)\left(\frac{K}{B}\right)\left(\frac{\dot{G}}{G}\right) \tag{3.36}$$

$$\gamma_G = \frac{\dot{G}}{G} = \left(\frac{1}{1 - \theta}\right)\left[\tau A\left(\frac{G}{K}\right)^{\alpha-1} - (1 - \tau)(1 - \alpha)A\left(\frac{G}{K}\right)^{\alpha-1}\left(\frac{B}{K}\right)\right] \tag{3.37}$$

为进一步分析各变量的平衡增长率，我们定义新变量 $x = G/K$，$c =$

C/K 及 $b = B/K$。同时，我们分两种情形来讨论公共债务变化对长期平衡增长率的影响。

（一）模型参数 $\theta = 1$

假设 $\theta = 1$，并设定在平衡增长路径（Balanced Growth Path，BGP）上有 $\gamma_B = \gamma_G = \gamma$，$\gamma$ 表示平衡增长率。由方程（3.36）可知 $b = x$。同时，由 $\theta = 1$ 可得 $\dot{B} = \dot{G}$。于是由方程（3.29）和方程（3.30）可得 $rB = \tau Y$。由 $b = x$ 和 $rB = \tau Y$ 可以得出如下方程：

$$b = x = \frac{\tau}{(1 - \tau)(1 - \alpha)} \tag{3.38}$$

方程（3.38）表明在平衡增长路径上公共债务/私人资本（b）与公共资本/私人资本（x）相等，且其取值由税率 τ 决定。将方程（3.38）代入方程（3.34）可得平衡增长率为：

$$\gamma = -\rho + A \tau^{\alpha} (1 - \tau)^{1-\alpha} (1 - \alpha)^{1-\alpha} \tag{3.39}$$

方程（3.39）表明平衡增长率 γ 是关于税率 τ 的驼峰型函数。方程（3.38）两边分别对 τ 求导可得 $\frac{db}{d\tau} = \frac{1}{(1 - \alpha)(1 - \tau)^2} > 0$，可以看出 b 与 τ 存在正相关。因此可以间接得出，平衡增长率 γ 也是关于 b 的驼峰型函数，所以说在内生增长的框架下平衡增长率与公共债务存在非线性关系。而且，将方程（3.39）两边分别对 τ 求导可得平衡增长率最大化的一阶条件为 $\tau = \alpha = \frac{(\gamma + \rho)G}{Y}$，这与 Greiner 和 Hanush（1998）在未考虑公共债务时所得最优平衡增长率的条件一致。换而言之，当 $\theta = 1$ 时，这意味着政府赤字与公共投资在任何时刻均相等，在给定税率 $\tau = \frac{(\gamma + \rho)G}{Y}$ 情形下，是否考虑公共债务对平衡增长率的影响并不存在显著差异。

（二）模型参数 $0 \leq \theta < 1$

当 $\theta = 0$ 时，为保证平衡增长则必须满足 $b = 0$，此时 $\dot{b} = b(\gamma_B - \gamma_K) = $

0，政府追求预算平衡。在平衡增长路径上，平衡增长率 $\gamma_C = \gamma_K = \gamma_G = \gamma$ 且 $\gamma_B = 0$。当 $0 < \theta < 1$ 时，为保证平衡增长则必须满足 $\gamma_C = \gamma_K = \gamma_G = \gamma_B = \gamma$。由 $\gamma_G = \gamma_B = \gamma$ 可得 $\theta x = b$。

定义 $q = \gamma_c - \gamma_G$，则有如下方程成立：

$$q = -\rho + (1 - \tau)(1 - \alpha) A x^{\alpha} - \left(\frac{1}{1 - \theta}\right) \left[\tau A x^{\alpha - 1} - \theta (1 - \tau)(1 - \alpha) A x^{\alpha} \right]$$

$$(3.40)$$

利用隐函数求导公式 $\dfrac{dx}{d\theta} = -\dfrac{\partial q / \partial \theta}{\partial q / \partial x}$ 和 $\gamma - r = -\rho$ 可得：

$$\frac{dx}{d\theta} = -\frac{\rho}{(1 - \theta)(\partial q / \partial x)}$$

由于 $\dfrac{\partial q}{\partial x} = \dfrac{(1 - \alpha) A x^{\alpha - 2}}{1 - \theta} \left[\alpha(1 - \tau)x + \tau \right] > 0$，所以有：

$$\frac{dx}{d\theta} < 0 \qquad (3.41)$$

又由方程（3.34）可得 $\dfrac{\partial \gamma}{\partial x} = (1 - \tau)(1 - \alpha)\alpha A x^{\alpha - 1} > 0$，于是有如下方程成立：

$$\frac{\partial \gamma}{\partial \theta} = \frac{\partial \gamma}{\partial x} \frac{dx}{d\theta} < 0 \qquad (3.42)$$

方程（3.42）表明，政府债务越少，平衡增长率越高。进一步分析表明，当政府追求平衡预算（即 $\theta = 0$）时，平衡增长率最高。若给定税率 τ，由方程（3.41）和方程（3.42）可知，$0 \leqslant \theta < 1$ 时的平衡增长率要高于 $\theta = 1$ 时的平衡增长率。

第四章 政府债务与经济增长的非线性 效应研究——基于债务规模的 实证视角

政府债务对经济增长的影响并不仅在理论层面表现出正向（或负向）的线性效应，而且还存在非线性效应和债务阈值。Reinhart 和 Rogoff（2010a，b）认为，政府债务对经济增长的影响存在阈值效应，当政府债务与 GDP 之比低于 90% 时，政府债务与经济增长之间并不存在明显的相关性；但当这一比例高于 90% 时，政府债务与经济增长之间呈负相关关系。自 Reinhart 和 Rogoff（2010a，b）提出债务"阈值论"后，学术界涌现出了大量经验文献分析政府债务与经济增长之间的非线性关系，并在此基础上得到可能存在的政府债务阈值。首先，本章介绍了非线性模型常用的估计方法，基于第三章非线性效应理论机制的分析框架构建计量模型，分别对总体样本、欧元区和 G7 国家、新兴经济体进行固定效应估计，得到了不同类型经济体的政府债务阈值并比较其差异，并进一步深入探讨不同类型经济体的政府债务阈值存在差异的原因。其次，本章运用两阶段最小二乘法（2SLS）、差分矩估计法（差分 GMM）以及有限信息最大似然估计法（LIML）解决内生性问题，并且运用因变量替换和面板单位根检验方法对基准模型的回归结果进行稳健性检验。最后，本章在得到相关结论的基础上做出全面小结。

第一节 非线性回归方法简介

对于非线性回归方法，通常有两种方法进行估计：第一种是 Hansen (1999) 提出的门限回归法；第二种是非线性组合估计法（Nonlinear Combination of Estimators，nlcom）。

一、门限回归法

（一）模型设定

假设一组平衡面板数据 $\{y_{it}, q_{it}, x_{it} : 1 \le i \le n, 1 \le t \le T\}$，$i$ 表示个体，t 表示时间。因变量 y_{it} 是标量，q_{it} 是门限变量，解释变量 x_{it} 是 k 阶向量。于是将门限回归方程设为：

$$y_{it} = \begin{cases} u_i + \beta_1^{'} x_{it} + e_{it}, q_{it} \le \gamma \\ u_i + \beta_2^{'} x_{it} + e_{it}, q_{it} > \gamma \end{cases} \tag{4.1}$$

其中，γ 为待估计的门槛值；x_{it} 为外生解释变量，与随机扰动项 e_{it} 不相关。使用指示函数，我们可以把方程（4.1）合并写为：

$$y_{it} = \beta_1^{'} x_{it} * I(q_{it} \le \gamma) + \beta_2^{'} x_{it} * I(q_{it} > \gamma) + e_{it}$$

假设 $x_{it}(\gamma) = \begin{pmatrix} x_{it} I_{it}(q_{it} \le \gamma) \\ x_{it} I_{it}(q_{it} > \gamma) \end{pmatrix}$，$\beta = (\beta_1^{'} \beta_2^{'})$，于是方程（4.1）可等价为：

$$y_{it} = u_i + \beta^{'} x_{it}(\gamma) + e_{it} \tag{4.2}$$

假设 $n \to \infty$，T 固定，因此符合大样本的渐近理论。对于个体 i，将方程（4.2）两边分别对时间求平均可得：

$$\overline{y_i} = \mu_i + \beta^{'} \overline{x_i}(\gamma) + \overline{e_i} \tag{4.3}$$

其中，$\overline{y_i} = \dfrac{1}{T} \sum\limits_{t=1}^{T} y_{it}$，$\overline{e_i} = \dfrac{1}{T} \sum\limits_{t=1}^{T} e_{it}$，$\overline{x_i}(\gamma) = \dfrac{1}{T} \sum\limits_{t=1}^{T} x_{it}(\gamma) =$

$$\left(\begin{matrix} \dfrac{1}{T}\sum\nolimits_{t=1}^{T} x_{it}I(q_{it} \leqslant \gamma) \\ \dfrac{1}{T}\sum\nolimits_{t=1}^{T} x_{it}I(q_{it} > \gamma) \end{matrix}\right)^{'}。$$

联立方程（4.2）和方程（4.3）可得模型的离差形式为：

$$y_{it} - \overline{y_i} = \beta^{'}[x_{it}(\gamma) - \overline{x_i}(\gamma)] + (e_{it} - \overline{e_i})$$

令 $y_{it}^{*} = y_{it} - \overline{y_i}$，$x_{it}^{*}(\gamma) = x_{it}(\gamma) - \overline{x_i}(\gamma)$，$e_{it}^{*} = e_{it} - \overline{e_i}$，则有：

$$y_{it}^{*} = \beta^{'} x_{it}^{*}(\gamma) + e_{it}^{*} \tag{4.4}$$

（二）门限值的确定

为获得回归估计的真实门槛值，我们运用两步法估计模型。第一步，给定 γ 的取值，将方程（4.4）用普通最小二乘法（OLS）进行估计，可以得到估计系数 $\hat{\beta}(\gamma)$，即有：

$$\hat{\beta}(\gamma) = (X^{*}(\gamma)^{'}X^{*}(\gamma))^{-1}X^{*}(\gamma)^{'}Y^{*} \tag{4.5}$$

残差向量 $\hat{e}^{*}(\gamma) = Y^{*} - X^{*}(\gamma)\hat{\beta}(\gamma)$，残差平方和为：

$$SSR(\gamma) = \hat{e}^{*}(\gamma)^{'}\hat{e}^{*}(\gamma)$$

$$= Y^{*'}(I - X^{*}(\gamma)^{'}(X^{*}(\gamma)^{'}X^{*}(\gamma))^{-1}X^{*}(\gamma)^{'})Y^{*} \tag{4.6}$$

第二步，针对 $\gamma \in \{q_{it}:1 \leqslant i \leqslant n, 1 \leqslant t \leqslant T\}$，选择合适的 $\hat{\gamma}$，使得 $SSR(\hat{\gamma})$ 最小，即 $\hat{\gamma} = \arg\min\limits_{\gamma} S_1(\gamma)$，最终得到估计系数 $\hat{\beta}(\hat{\gamma})$ 的值。

（三）门限效应的检验

对门限模型的回归参数进行估计后，我们仍需要进行两个方面的检验：第一是门限效应的显著性检验；第二是门限估计值的真实性检验。

首先，我们对门限效应的显著性进行检验。为检验模型是否存在门限效应，可以检验原假设 "$H_0: \beta_1 = \beta_2$"。如果原假设成立，则表明模型并不存在门限效应。此时模型可简化为：

$$y_{it} = \mu_i + \beta_1^{'} x_{it} + e_{it}$$

针对这个标准的固定效应面板模型，我们将其转化为离差形式可得：$y_{it}^* = \beta_1' x_{it}^* + e_{it}^*$，然后利用普通最小二乘法进行估计。

假设在约束条件"$H_0 : \beta_1 = \beta_2$"下得到的残差平方和为 SSR^*，以区别无约束条件下的残差平方和 $SSR(\hat{\gamma})$。不难看出，$SSR^* \geq SSR(\hat{\gamma})$。假如 $|SSR^* - SSR(\hat{\gamma})|$ 越大，同时添加约束条件后使得 SSR 增大，于是越来越倾向于拒绝原假设"$H_0 : \beta_1 = \beta_2$"。

Hansen（1999）提出采用如下似然比检验（LR）统计量：

$$LR = [SSR^* - SSR(\hat{\gamma})] / \hat{\sigma}^2$$

其中，$\hat{\sigma}^2 = \dfrac{SSR(\hat{\gamma})}{n(T-1)}$ 表示随机扰动项方差的一致估计。如果原假设"$H_0 : \beta_1 = \beta_2$"成立，则模型并不存在门限效应，也就不存在所谓的"门限值" γ。所以，在原假设 H_0 成立的前提下，不管 γ 取何值，对原模型均没有影响，参数 γ 也无法识别。统计量 LR 并不服从标准的 χ 分布，而是依赖于样本矩，可以通过自助法来获得临界值。

其次，我们对门限估计值的真实性进行检验。如果原假设"$H_0 : \beta_1 = \beta_2$"不成立，则模型存在门限效应，可以对其"门限值"进行检验，即检验"$\gamma = \gamma_0$"。

定义似然比统计量为 $LR = [SSR^* - SSR(\hat{\gamma})] / \hat{\sigma}^2$。可以证明，在原假设"$H_0 : \gamma = \gamma_0$"成立的情形下，虽然统计量 $LR(\gamma)$ 的渐近分布是非标准的，但是此时其累积分布函数为 $(1 - e^{-x/2})^2$，仍能得到其临界值。Hansen（1999）给出了一个简单的公式来计算拒绝域。当临界值 $c(\alpha) = -2\log(1 - \sqrt{1 - \alpha}) < LR(\gamma)$ 时，拒绝原假设，其中 α 为显著性水平。一般而言，在95%的置信水平下，临界值 $c(\alpha)$ 的值为7.35。

二、非线性组合估计法

（一）增量法

增量法（Delta Method）基本上是使用一阶泰勒近似方法扩展了随机变

量的均值并计算方差。其精确度依赖于导数函数在估值点附近的线性程度
（Vance，2009），也就是说当随机变量以极大概率趋近于均值时，那么意
味着运用泰勒近似方法得到的结果较好。因此增量法假设模型中的系数服
从正态分布且受样本大小的影响（Hole，2007）。若使用增量法，我们预
计用一年期数据比用 5 年期的数据所得到的回归结果更为精确。

（二）自助法

自助法（Bootstrapping）是基于大样本的替代而进行模拟的，每替代
一次就计算出一个系数和转折点。置信区间的计算是基于转折点的分布而
得。Vance（2009）认为当可用的样本观测值比较少时，即使自助法成立
依赖的假设很少，该方法的使用仍需谨慎。Stata 软件默认的自助法构建了
对称的 95% 置信区间，其成立的前提是转折点服从正态分布。非对称的置
信区间也可通过纠偏或分位数自助法来获得，以反映转折点样本分布的可
能偏差。但是对于特定的模型，尤其是含有工具变量的模型，用 Stata 软件
运行的自助法程序，其结果要么是重复模拟产生不稳定的置信区间，要么
是因样本观测值太少而无法获得自助法的标准误。

第二节　数据来源及模型设定

一、数据来源及变量的统计特征

受数据所限，本部分主要选取 97 个国家 1980—2014 年的面板数据。
政府债务（gov_debt）数据来源于 HPDD 数据库（Historical Public Debt Da-
tabase）、Reinhart 和 Rogoff（2010）公布的数据集以及历年的财政监测报
告。投资率（investment）数据来源于 WEO 数据库（World Economic Out-
look）；总人口（population）、老龄化（aging）、私人部门的国内信贷与
GDP 之比（pcredit）、实际利率（rir）数据来源于 WDI（World Develop-
ment Indicators）数据库；政府消费与 GDP 之比（govconsump）数据来源于

PWT8.1 数据库（Penn World Table, Version8.1）；是否发生金融危机（crisis）数据来源于全球金融发展报告（Global Financial Development, GFD）；储蓄率（savings）数据来源于 WDI 和 WEO 数据库；固定资本形成总额与 GDP 之比（gcapital）来源于 WDI、WEO 及 PWT8.1；贸易开放度（openness）数据来源于 WDI 和 UNCTAD（United Nations Conference on Trade and Development）数据库。本部分主要变量的统计特征如表 4 - 1 所示。

表 4 -1 主要变量的描述性统计

变量名	总体样本		欧元区和 G7 国家		新兴市场	
	均值	标准差	均值	标准差	均值	标准差
gov_debt	58.91	41.46	65.28	37.08	47.64	25.42
gov_debt^2	5188.57	10938.41	5643.38	7162.63	2914.71	3514.48
investment	23.86	9.07	23.38	4.45	24.34	7.31
savings	19.06	16.76	23.71	7.11	24.78	8.94
govconsump	0.20	0.11	0.16	0.03	0.17	0.06
lnpopulation	16.07	1.92	16.42	1.84	18.00	1.31
gcapital	22.88	11.59	22.29	3.32	22.66	6.19
aging	7.14	4.98	14.43	2.92	5.77	2.88
crisis	0.10	0.30	0.12	0.32	0.15	0.35
pcredit	48.64	45.10	97.98	48.54	49.41	37.54
rir	6.81	13.34	4.64	3.14	7.01	12.93
openness	76.22	54.31	84.83	59.29	55.86	39.37

注：lnpopulation 表示对总人口（population）取对数。

二、模型设定及变量选择

有关政府债务与经济增长的经验研究很多，本章在借鉴 Kumar 和 Woo（2010）、Checherita 和 Rother（2012）研究的基础上构建了如下计量模型：

$$growth_{i,t+k} = \alpha + \beta gov\_debt_{it} + \gamma gov\_debt_{it}^2 +$$

$$\theta controls_{it} + u_i + v_t + \varepsilon_{it} \quad (4.7)$$

其中，$growth_{ik}$ 表示国家 i 未来 k 期的实际 GDP 的增长率。Kumar 和

Woo（2010）把欧元区国家3年期、5年期及10年期的人均GDP增长率的数据作为因变量。因数据资料有限和为减轻短期经济波动的影响，本章把样本国家5年期实际GDP的增长率作为被解释变量。

gov_debt_{it} 代表一般政府债务规模与GDP之比。$gov\_debt_{it}^2$ 表示一般政府债务规模与GDP之比的平方项。$controls_{it}$ 是一组控制变量，其中包括投资率（investment）、储蓄率（savings）、政府消费与GDP之比（govconsump）、总人口的对数（lnpopulation）、固定资本形成总额与GDP之比（gcapital）、老龄化程度（aging）、是否发生金融危机（crisis）、人口增长率（popgrowth）、私人部门的国内信贷与GDP之比（pcredit）、实际利率（rir）、贸易开放度（openness）。u_i、v_t 分别表示个体效应和时间效应，ε_{it} 是随机误差项。

第三节　实证分析与计量检验

一、基本估计结果

为实证检验政府债务对经济增长的阈值效应，本部分首先对总体样本进行固定效应回归，利用政府债务及其平方项的系数估算总体样本国家的政府债务转折点。其次，由于已有大量文献研究了发达国家和发展中国家的政府债务阈值效应，所以本章在分类样本固定效应回归结果的基础上，着重分别估算了欧元区和G7国家、新兴经济体的政府债务转折点，以比较政府债务阈值效应在不同类型经济体之间的差异。

表4-2是总体样本政府债务转折点的固定效应回归结果。从表4-2模型一的回归结果可以看出，当未加入时间趋势时，政府债务与GDP之比（gov_debt）的系数显著为正，其平方项（gov_debt_sq）的系数显著为负。依据简单的数学知识可以判断，政府债务与经济增长之间是非线性的，呈现"倒U型"关系，因此存在政府债务阈值效应。当模型二加入时间趋势后，政府债务/GDP及其平方项的系数符号与模型一的回归结果相同且表

现出很好的显著性，这进一步印证了政府债务具有阈值效应。此外，本章还采用非线性组合估计法（Nonlinear combination of estimators，nlcom）测算了政府债务阈值效应的转折点及其95%的置信区间。由表4-2的回归结果可知，总体样本国家的政府债务转折点处于95.56%~102.68%之间。对于其他控制变量而言，固定资产投资（gcapital）的增加和贸易开放度（openness）的提高均有利于促进经济增长；政府最终消费支出（govconsump）的增加、人口老龄化程度（aging）的上升及金融危机（crisis）的发生均会对经济增长产生不利影响。

表4-2　总体样本政府债务转折点的固定效应回归

变量名	模型一	模型二	模型三	模型四
gov_debt	0.0416 *** (10.54)	0.0411 *** (7.69)	0.0407 *** (7.59)	0.0376 *** (7.08)
gov_debt_sq	-0.0002 *** (-10.78)	-0.0002 *** (-7.94)	-0.0002 *** (-7.82)	-0.0002 *** (-6.93)
investment	-0.0384 *** (-3.38)	0.0532 *** (6.57)	0.0551 *** (6.81)	0.0530 *** (6.43)
govconsump	-3.9017 *** (-5.21)	-3.7300 *** (-4.53)	-3.1835 *** (-3.75)	-4.3215 (-5.03)
lnpopulation	2.2294 *** (7.52)		1.5250 ** (2.21)	3.3841 *** (5.02)
gcapital	0.1270 *** (12.99)			
savings	-0.0065 (-1.33)			
aging	-0.3715 *** (-8.15)			
rir		0.0144 *** (2.86)	0.0118 ** (2.32)	0.0117 ** (2.25)
openness		0.0350 *** (12.16)	0.0351 *** (12.15)	0.0338 *** (11.52)

续表

变量名	模型一	模型二	模型三	模型四
pcredit		-0.0298^{***} (-11.5)	-0.0297^{***} (-11.18)	
crisis		-0.6411^{***} (-3.49)		-0.9126^{***} (-4.91)
常数项	-32.1470^{***} (-6.81)	-0.2284 (-0.51)	-24.4936^{**} (-2.23)	-54.3112^{***} (-5.07)
是否包含时间效应	否	是	是	是
是否包含个体效应	是	是	是	是
债务转折点（nlcom）	102.26^{***}	95.56^{***}	95.87^{***}	102.68^{***}
95%置信区间（nlcom）	（93.51，111.01）	（86.68，104.44）	（86.76，104.98）	（91.76，113.61）
观测值	2751	2200	2200	2247

注：除95%置信区间外，括号内为 t 统计量的值。***、**、*分别表示1%、5%及10%的显著性水平。

表4-3　欧元区和G7国家政府债务转折点的固定效应回归

变量名	模型一	模型二	模型三	模型四
gov_debt	0.0497^{***} (5.94)	0.0198^{**} (2.11)	0.0176^{*} (1.90)	0.0219^{**} (2.41)
gov_debt_sq	-0.0002^{***} (-5.38)	-0.0001^{**} (-2.29)	-0.0001^{**} (-2.2)	-0.0001^{***} (-2.82)
investment	0.1311^{***} (3.71)	0.0372^{*} (1.83)	0.0272 (1.29)	0.0351^{*} (1.74)
govconsump	-5.9917^{***} (-1.74)	-11.3926^{***} (-2.91)	-8.8227^{**} (-2.20)	-9.3779^{**} (-2.40)
lnpopulation	-10.8763^{***} (-9.45)		-3.3771^{*} (-1.85)	-4.7623^{***} (-3.05)
gcapital	-0.2437^{***} (-5.12)			
savings	0.1107^{***} (5.03)			
aging	-0.2500^{***} (-5.08)			

变量名	模型一	模型二	模型三	模型四
rir		0.0592** (2.4)	0.0595** (2.42)	0.0627*** (2.71)
openness		0.0497*** (6.77)	0.0528*** (7.10)	0.0510*** (7.82)
pcredit		-0.0075*** (-2.89)	-0.0057** (-2.00)	
crisis		-0.3920 (-1.48)		-0.7214*** (-2.91)
常数项	183.1946*** (9.97)	-0.8019 (-0.69)	54.2620* (1.81)	76.5965** (2.98)
是否包含时间效应	否	是	是	是
是否包含个体效应	是	是	是	是
债务转折点（nlcom）	128.37***	121.29***	114.00***	111.42***
95%置信区间（nlcom）	(100.59, 156.16)	(73.3, 169.28)	(62.11, 165.88)	(71.77, 151.07)
观测值	576	442	442	468

注：除95%置信区间外，括号内为t统计量的值。***、**、*分别表示1%、5%及10%的显著性水平。

表4-3和表4-4分别给出了欧元区和G7国家、新兴经济体政府债务转折点的固定效应回归结果。从两表的回归结果可以看出，政府债务规模/GDP及其平方项的系数符号与总体回归结果保持一致且均显著，这说明欧元区和G7国家、新兴经济体同样存在政府债务阈值效应。进一步对比两表的债务转折点，欧元区和G7国家的政府债务转折点处于111.42%～128.37%之间，而新兴经济体的政府债务转折点处于92.69%～110.68%之间，欧元区和G7国家的政府债务转折点明显高于新兴经济体。可能的原因主要有两点：第一，欧元区和G7国家、新兴经济体在金融发展水平方面存在巨大的差异。欧元区和G7国家金融发展程度高，资本市场比较发达，债券流动性强且收益稳定，这极大地提升了政府的债务融资可得性，所以欧元区和G7国家债务水平高且承受能力更强。反观新兴经济体，金融体系不健全且融资成本高，私人投资者的融资渠道极为有限。在此情

形下，倘若政府继续增加债务融资，那么将对私人投资产生更大的"挤出效应"且对经济增长的负面效应也日益凸显，因此新兴经济体的政府债务承受能力较低。第二，新兴经济体对外部需求的依赖程度高，一旦外部环境恶化，自身经济应对外部冲击的脆弱性也使其抗击债务风险的能力降低。对于其他控制变量而言，政府消费性开支增加、老龄人口比重上升、私人信贷的扩张以及金融危机的爆发无论是对欧元区和 G7 国家还是新兴经济体的经济增长都将产生不利影响。

表 4 - 4　新兴经济体政府债务转折点的固定效应回归

变量名	模型一	模型二	模型三	模型四
gov_debt	0.0615 *** （4.84）	0.0686 *** （4.70）	0.0950 *** （6.33）	0.1100 *** （7.47）
gov_debt_sq	− 0.0003 *** （− 3.65）	− 0.0003 *** （− 3.31）	− 0.0005 *** （− 5.28）	− 0.0006 *** （− 6.01）
investment	0.2190 *** （5.97）	0.0524 ** （2.48）	0.0736 *** （3.71）	0.0537 *** （2.64）
govconsump	− 6.6148 *** （− 2.76）	− 8.3465 ** （− 2.36）	− 11.9078 *** （− 3.42）	− 15.5069 *** （− 4.56）
lnpopulation	2.9007 *** （3.81）		14.9359 *** （5.49）	16.9513 *** （6.37）
gcapital	− 0.2325 *** （− 5.44）			
savings	− 0.0489 *** （− 2.65）			
aging	− 0.1364 （− 1.00）			
rir		0.0381 *** （3.82）	0.0331 *** （3.44）	0.0319 *** （3.30）
openness		− 0.0118 （− 1.55）	− 0.00003 （− 0.00）	− 0.0022 （− 0.29）
pcredit		− 0.0290 *** （− 4.33）	− 0.0233 *** （− 3.57）	

续表

变量名	模型一	模型二	模型三	模型四
crisis		−0.7395 ** (−2.09)		−0.9596 *** (−2.85)
常数项	−46.9533 *** (−3.53)	3.7026 *** (2.69)	−261.6325 *** (−5.42)	−296.7831 *** (−6.27)
是否包含时间效应	否	是	是	是
是否包含个体效应	是	是	是	是
债务转折点（nlcom）	99.64 ***	110.68 ***	92.69 ***	95.82 ***
95%置信区间（nlcom）	(78.61, 120.66)	(82.95, 138.40)	(81.25, 104.13)	(84.39, 107.25)
观测值	535	392	392	392

注：除95%置信区间外，括号内为 t 统计量的值。***、**、* 分别表示1%、5%及10%的显著性水平。

二、内生性问题

由于低增长率可能导致高负债率，所以政府债务与经济增长之间可能存在"逆向因果"问题。因此，本部分采用两阶段最小二乘法（2SLS）、广义矩估计法（GMM）及有限信息最大似然估计法（LIML）三种工具变量回归法以解决模型设定可能存在的内生性问题。

表4-5　欧元区和 G7 国家、新兴经济体政府债务转折点的
工具变量回归（以模型一为例）

变量名	因变量：G5					
	欧元区和 G7 国家			新兴经济体		
	2SLS	D-GMM	LIML	2SLS	D-GMM	LIML
L. DV		0.8190 *** (13.28)			0.5870 *** (6.01)	
gov_debt	0.0247 *** (3.80)	0.0859 ** (1.97)	0.0335 *** (4.31)	0.0459 ** (2.40)	0.1270 ** (2.44)	0.0463 ** (2.34)
gov_debt_sq	−0.0001 *** (−3.98)	−0.0006 ** (−2.12)	−0.0002 *** (−4.48)	0.0003 * (−1.93)	−0.0007 ** (−2.23)	−0.0003 * (−1.88)
investment	0.2450 *** (7.38)	0.1390 (1.22)	0.2617 *** (7.33)	0.1695 *** (4.33)	0.0554 (0.31)	−0.0548 (−0.77)

变量名	因变量：G5					
	欧元区和 G7 国家			新兴经济体		
	2SLS	D-GMM	LIML	2SLS	D-GMM	LIML
savings	0.0639*** (5.32)	-0.1120 (-1.55)	0.0677*** (5.34)	0.0525*** (3.03)	-0.0786 (-1.16)	0.0675*** (3.64)
govconsump	-5.5440** (-2.20)	9.1623 (1.44)	-5.5285** (-2.08)	-3.7569* (-1.72)	-18.9046* (-1.86)	-3.3305 (-1.47)
lnpopulation	-0.0637 (-1.31)	-32.9495 (-1.45)	-0.0818 (-1.59)	0.8108*** (8.36)	12.9939 (1.48)	0.8665*** (8.56)
gcapital	-0.3538*** (-8.30)	-0.3310** (-2.90)	-0.3690*** (-8.11)	-0.1039** (-2.23)	-0.4516** (-1.98)	0.1238 (1.60)
aging	-0.2786*** (-9.29)	0.9845 (1.34)	-0.2796*** (-8.96)	0.0262 (0.58)	-1.3566 (-0.92)	-0.0154 (-0.32)
常数项	8.1916*** (6.76)	528.8213 (1.46)	8.0392*** (6.29)	-14.3703*** (-8.09)	-214.1131 (-1.45)	-15.2900*** (-8.18)
债务转折点 (nlcom)	90.03***	76.62***	92.82***	91.91***	94.92***	91.81***
95%置信区间 (nlcom)	(73.3, 106.8)	(64.6, 88.7)	(79.5, 106.2)	(63.5, 120.4)	(85.0, 104.8)	(62.8, 120.8)
AR (1)		0.0045			0.0050	
AR (2)		0.7651			0.6921	
Sargan 检验		1.0000			1.0000	
观测值	558	540	540	518	503	517

注：G5 表示 5 年期实际 GDP 增长率，L. DV 表示被解释变量 G5 的滞后一期。D-GMM 表示使用差分 GMM 估计法。括号内为 z 统计量的值。***、**、*分别表示 1%、5% 及 10% 的显著性水平。书中仅列出了欧元区和 G7 国家、新兴经济体使用三种估计方法（以模型一为例）所得的回归结果，但并不影响基本结论的成立。下同。

表 4 - 5 列出了欧元区和 G7 国家、新兴经济体政府债务转折点的工具变量回归结果。从回归结果可以看出，回归模型的随机误差项均不存在二阶自相关，Sargan 检验的结果表明工具变量在 5% 的显著性水平下有效，并不存在过度识别问题。由三种工具变量估计法所得的结果可知，政府债务规模/GDP 及其平方项的系数符号和显著性与固定效应回归结果基本一

致，并且使用不同估计方法所得的政府债务转折点相差较小，这也进一步验证了欧元区和 G7 国家、新兴经济体存在政府债务阈值效应。

三、稳健性检验

为了验证模型回归结果的稳健性，本部分主要从因变量替换和面板单位根检验两个角度来对计量模型进行稳健性检验。

（一）因变量替换

除了采用 5 年期实际 GDP 的增长率作为被解释变量外，本部分还采用 3 年期实际 GDP 的增长率（G3）、3 年期人均 GDP 增长率（Growth3）和 5 年期人均 GDP 增长率（Growth5）作为因变量来检验模型估计结果的稳健性。

表 4-6　总体样本因变量替换的稳健性检验（以模型一为例）

变量名	G3	Growth3	Growth5
gov_debt	0.0447 *** (9.24)	0.0587 *** (11.19)	0.0541 *** (12.09)
gov_debt_sq	-0.0002 *** (-9.80)	-0.0003 *** (-12.54)	-0.0003 *** (-12.69)
investment	-0.0130 (-0.93)	-0.0511 *** (-3.38)	-0.0633 *** (-4.90)
savings	-0.0084 (-1.39)	-0.0191 *** (-2.93)	-0.0166 *** (-2.98)
govconsump	-5.2918 *** (-5.75)	-5.7748 *** (-5.41)	-3.5358 *** (-3.93)
lnpopulation	2.1128 *** (5.81)	2.6251 *** (6.58)	2.9580 *** (8.67)
gcapital	0.1403 *** (11.69)	0.2085 *** (16.09)	0.1706 *** (15.39)
aging	-0.2936 *** (-5.25)	-0.2183 *** (-3.58)	-0.3222 *** (-6.19)
常数项	-31.5201 *** (-5.44)	-42.8102 *** (-6.74)	-46.6424 *** (-8.58)
债务转折点（Bootstrapping）	112.03 **	136.52 ***	134.13 ***

续表

变量名	G3	Growth3	Growth5
95%置信区间（Bootstrapping）	(2.51，172.71)	(46.35，158.58)	(129.61，136.52)
债务转折点（nlcom）	98.57***	93.51***	99.59***
95%置信区间（nlcom）	(89.06，108.08)	(86.10，100.91)	(92.22，106.96)
观测值	2751	2732	2738

注：除95%置信区间外，括号内为 t 统计量的值。***、**、*分别表示1%、5%及10%的显著性水平。

表4-7　欧元区和 G7 国家因变量替换的稳健性检验（以模型一为例）

变量名	G3	Growth3	Growth5
gov_debt	0.0602*** (5.94)	0.0703*** (6.79)	0.0570*** (6.67)
gov_debt_sq	-0.0002*** (-4.92)	-0.0002*** (-5.57)	-0.0002*** (-5.81)
investment	0.1671*** (3.91)	0.1748*** (4.00)	0.1344*** (3.73)
savings	0.1448*** (5.44)	0.1416*** (5.21)	0.1070*** (4.77)
govconsump	-10.4876** (-2.51)	-4.8396 (-1.13)	-0.7546 (-0.21)
lnpopulation	-9.3715*** (-6.73)	-10.7619*** (-7.56)	-11.8473*** (-10.10)
gcapital	-0.2087*** (-3.62)	-0.2558*** (-4.35)	-0.2718*** (-5.60)
aging	-0.2156*** (-3.62)	-0.2473*** (-4.06)	-0.2828*** (-5.64)
常数项	155.7781*** (7.01)	178.0180*** (7.84)	198.4263*** (10.59)
债务转折点（Bootstrapping）	102.29*	100.04**	101.89**
95%置信区间（Bootstrapping）	(9.80，108.75)	(9.80，108.75)	(100.04，102.29)
债务转折点（nlcom）	140.52***	141.90***	133.79***
95%置信区间（nlcom）	(107.65，173.38)	(113.60，171.21)	(107.15，160.42)
观测值	576	576	576

注：除95%置信区间外，括号内为 t 统计量的值。***、**、*分别表示1%、5%及10%的显著性水平。

　　表 4 - 6、4 - 7 及 4 - 8 分别给出了总体样本、欧元区和 G7 国家、新兴经济体因变量替换的固定效应回归结果。由回归结果可知，政府债务/GDP 及其平方项的系数非常显著，而且符号和显著性与之前的回归结果基本一致。对于政府债务转折点的估算，除了采用非线性组合估计法外，本部分还采用了自助法（Bootstrapping）进行测算，结果显示不同回归模型的债务转折点并没有显著差异。这些充分说明选择经济增长率的不同指标作为被解释变量不会影响模型估计结果的稳健性。

表 4 - 8　新兴经济体因变量替换的稳健性检验（以模型一为例）

变量名	G3	Growth3	Growth5
gov_debt	0.0532 *** (3.19)	0.0592 *** (3.60)	0.0654 *** (5.34)
gov_debt_sq	- 0.0003 *** (- 2.76)	- 0.0003 *** (- 2.85)	- 0.0003 *** (- 3.79)
investment	0.2479 *** (5.15)	0.2295 *** (4.94)	0.2047 *** (5.88)
savings	- 0.0267 (- 1.10)	- 0.0324 (- 1.38)	- 0.0544 *** (- 3.10)
govconsump	- 4.9218 (- 1.56)	- 5.2777 * (- 1.70)	- 6.8522 *** (- 2.96)
lnpopulation	3.4972 *** (3.50)	5.3321 *** (5.30)	4.6121 *** (6.18)
gcapital	- 0.2330 *** (- 4.16)	- 0.2047 *** (- 3.77)	- 0.2084 *** (- 5.13)
aging	- 0.1612 (- 0.9)	- 0.1644 (- 0.84)	- 0.1108 (- 0.78)
常数项	- 58.7344 *** (- 3.36)	- 93.7738 *** (- 5.34)	- 79.7900 *** (- 6.13)
债务转折点（Bootstrapping）	72.53 *	72.56 *	102.90 **
95% 置信区间（Bootstrapping）	(5.12, 119.69)	(5.12, 119.69)	(5.12, 119.69)
债务转折点（nlcom）	86.88 ***	95.28 ***	105.89 ***
95% 置信区间（nlcom）	(64.97, 108.78)	(70.81, 119.76)	(83.30, 128.49)
观测值	535	527	529

　　注：除 95% 置信区间外，括号内为 t 统计量的值。***、**、* 分别表示 1%、5% 及 10% 的显著性水平。

（二）面板单位根检验

为了避免出现"伪回归"问题，本部分对主要变量进行面板单位根检验。由于采用的是非平衡面板数据，所以本部分运用 Im 等（2003）提出的检验方法（简称 IPS 检验）分别对欧元区和 G7 国家、新兴经济体样本数据进行面板单位根检验，结果如表 4 - 9 所示。对于欧元区和 G7 国家而言，被解释变量（3 年期和 5 年期实际 GDP 增长率）、核心解释变量（政府债务与 GDP 之比及其平方项）为不平稳变量；但是对于新兴经济体样本而言，仅有政府最终消费与 GDP 之比、总人口（取对数）以及老龄化水平三个变量不平稳。为了解决不平稳问题，本部分对不平稳变量一阶差分然后重新进行固定效应回归，结果如表 4 - 10 所示。由表 4 - 10 的回归结果可知，模型核心解释变量的系数符号和显著性满足阈值效应的基本要求，政府债务转折点与未差分前的结果相比并没有发生显著的变化。这些充分说明了本部分模型的回归结果是稳健可靠的。

表 4 - 9　欧元区和 G7 国家、新兴经济体面板单位根检验

变量名	欧元区和 G7 国家			新兴经济体		
	统计量	P 值	结论	统计量	P 值	结论
G5	- 1.0626	0.1440	不平稳	- 3.7197	0.0001	平稳
G3	- 0.1189	0.4527	不平稳	- 6.6923	0.0000	平稳
govdebt	- 1.5377	0.0621	不平稳	- 3.0588	0.0011	平稳
govdebt_sq	- 1.4005	0.0807	不平稳	- 3.5984	0.0002	平稳
investment	- 1.3110	0.0949	不平稳	- 4.6327	0.0000	平稳
savings	- 0.8214	0.2057	不平稳	- 2.7778	0.0027	平稳
govconsump	- 2.6773	0.0037	平稳	1.7919	0.9634	不平稳
lnpopulation	0.4613	0.6777	不平稳	- 0.8904	0.1866	不平稳
gcapital	- 2.3111	0.0104	平稳	- 3.4277	0.0003	平稳
aging	- 3.7372	0.0001	平稳	2.8093	0.9975	不平稳

表 4-10　欧元区和 G7 国家、新兴经济体一阶差分回归结果

变量名	欧元区和 G7 国家		新兴经济体	
	D. G5	D. G3	G5	G3
govdebt			0.0520*** (3.90)	0.0446** (2.58)
govdebt_sq			-0.0003*** (-2.99)	-0.0003** (-2.28)
D. govdebt	0.0603*** (4.72)	0.0837*** (4.58)		
D. govdebt_sq	-0.0003*** (-4.38)	-0.0004*** (-3.81)		
investment			0.1915*** (4.92)	0.2240*** (4.43)
D. investment	-0.0019 (-0.1)	0.0371 (1.41)		
savings			-0.0332* (-1.69)	-0.0201 (-0.79)
D. savings	0.0324 (1.37)	0.0496 (1.47)		
govconsump	4.9657*** (2.95)	7.1465*** (2.97)		
D. govconsump			-9.7376 (-1.45)	-13.7490 (-1.57)
D. lnpopulation	-5.9757 (-0.71)	-12.4511 (-1.03)	-67.7150** (-2.32)	-83.3980** (-2.20)
gcapital	-0.1057*** (-7.31)	-0.1592*** (-7.7)	-0.2100*** (-4.62)	-0.2176*** (-3.69)
aging	-0.0771*** (-4.10)	-0.1113*** (-4.14)		
D. aging			-2.6519 (-1.54)	-1.7666 (-0.79)
常数项	2.6342*** (4.91)	4.0040*** (5.23)	4.7781*** (4.62)	4.3092*** (3.21)
债务转折点（nlcom）	95.91***	106.92***	98.97***	85.58***
95%置信区（nlcom）	(73.43, 118.40)	(78.41, 135.43)	(74.30, 123.64)	(60.52, 110.64)

注：括号内为 t 统计量的值。***、**、* 分别表示 1%、5%及 10%的显著性水平。

第四节　本章小结

本章尝试从债务规模的实证角度全面分析政府债务对经济增长的影响，主要做了以下两个方面的研究。

第一，尽管政府债务对经济增长具有阈值效应，但是其在欧元区和G7国家、新兴经济体存在显著差异。因此，我们收集了97个国家1980—2014年的面板数据，着重对欧元区和G7国家、新兴经济体的政府债务转折点进行了估算。在此基础上，我们还运用2SLS、GMM及LIML三种工具变量回归法以解决模型设定可能存在的内生性问题。实证结果表明：政府债务在欧元区和G7国家、新兴经济体均存在显著的阈值效应，而且欧元区和G7国家的政府债务转折点明显高于新兴经济体的水平。

第二，本章还运用因变量替换和面板单位根检验对估计结果的稳健性进行验证。稳健性检验结果表明，无论是采用因变量替换还是面板单位根检验，回归结果均能证明政府债务存在阈值效应并且研究结论是稳健可靠的。

基于以上研究结论，本章可以得出以下三点启示：第一，为保持经济可持续增长，各国应努力将政府债务规模占GDP的比例控制在合理范围内以规避可能发生的债务风险。第二，由于新兴经济体对政府债务积压的承受能力明显弱于欧元区和G7国家，因此在进行债务融资时新兴经济体应该更加谨慎，而且新兴经济体应逐步推进利率市场化，疏通融资渠道和降低融资成本，为私人投资者提供平等便利、透明的投融资环境。第三，新兴经济体应调整经济增长方式，扩大国内消费需求，加大对人力资本和科研的投入，助推产业转型升级，以应对外部需求增速放缓和发达国家"再工业化"的挑战，从而实现经济自主增长。

第五章 政府债务与经济增长的非线性效应研究——基于债务结构的实证视角

促进经济增长是各国经济政策追求的一个重要目标。政府债务规模是影响一国经济增速的重要因素。适度的财政赤字有利于促进一国经济增长，但是如果一国政府债务还本付息的负担过重，那么将不利于本国资本积累并且对私人投资具有"挤出"效应，最终将减缓一国经济增长速度。自 Reinhart 和 Rogoff（2010a，b）提出债务"阈值论"后，众多学者主要从债务规模角度对政府债务影响经济增长的阈值效应做了大量的实证研究，但是鲜有文献基于债务结构视角来探讨政府债务与经济增长之间的非线性效应。

政府内债和政府外债对宏观经济的影响，以及受政策环境的影响存在显著差异。但是，过去对发展中国家政府债务的研究主要集中于外债的分析。对外债重点关注的原因主要有两点：第一，政府举借外债意味着一国可以利用国际市场上更大范围的资金，而内债仅表示资源在国家内部转移，即资金从私人手中转移到公共部门；第二，由于发展中国家的中央银行无法通过发行"硬通货"来偿还外债，所以发展中国家的外债常因"原罪"问题而容易爆发债务危机。然而，近年来，内债对发展中国家经济增长的重要性也日益凸显。许多国家为提高自身经济应对外部风险冲击的能力而增加政府借贷规模，纷纷将政策着力点转向国内，尝试通过发行内债来取代部分外债，以减少本国经济对外部市场的依赖。但值得注意的是，将外债转向内债也会带来一些问题，如债务的货币错配问题可能演变为期限错配、政府内债的增加可能会挤出私人投资、国内银行因热衷于"吸收"政府债务而使得金融发展效率低下，等等。基于此，本章从政府债务结构角度出发将总体政府债务规模细分为政府外债和政府内债，然后分别考察高、中、低收入水平国家政府外债和政府内债影响经济增长的非线性效应。金融发展水平对一国政府债务融资有重要影响，尤其是2008年国际金融危机的爆发更是加重了一些国家政府的债务负担。在控制了金融发展因素后，本章还比较了不同样本国家政府内外债务阈值效应的差异。这些不但是对前人研究的补充，而且对不同收入水平国家加强政府债务管理和防范债务风险具有重要的指导意义。

第一节　政府债务结构与经济增长的文献回顾

2008年国际金融危机爆发后，政府债务与经济增长之间的关系重新引起了世界各国的广泛关注。政府债务对经济增长的影响主要表现在以下两个方面：第一，从积极的角度来看，政府债务增加对经济增长的影响具有正面效应。其影响途径是政府通过发债将获得的资金用于基础设施建设和人力资本投资，从而推动经济的长期增长。相较而言，以市场原则为基础的国内政府借贷更加有利于宏观经济稳定、国内储蓄及私人投资。而且政府债务的增加还可以为信贷中介提供一定的资金支持，甚至在危机期间还能帮助金融机构渡过难关。第二，从消极的角度来看，政府债务负担过重会对经济长期增长有负面影响。到目前为止，相关的理论研究更倾向于认为政府债务与经济增长之间存在负相关。Modigliani（1961）、Diamond（1965）、Blanchard（1985）运用标准的世代交叠模型证明，公共债务增加将会提高利率，从而减少储蓄和资本积累，最终降低经济增长速度。Barro（1990）和Saint-Paul（1992）运用内生增长模型论证了政府债务与长期经济增长之间存在负相关，其原因是当前增加的政府债务在未来要偿还，因此政府在未来会减少公共支出和增加税收，从而对长期经济增长有负面效应。Bohn（1998）、Mendoza 和 Ostry（2008）、Lo 和 Rogoff（2014）认为面对急剧上升的公共债务，政府会增加财政盈余或仅保持少量的财政赤字。

目前直接探讨政府债务与经济增长之间关系的文献相对比较丰富。大多数文献从债务规模角度展开研究，只有少部分文献从债务结构视角分析二者之间的关系。从债务结构角度来看，研究政府债务与经济增长之间线性关系的文献主要集中于发展中国家的政府外债对经济增长的影响。Chowdhury（2001）以中、低收入国家 1982—1999 年的数据为样本，研究了外债对经济增长的影响；研究结果表明，外债是影响经济增长的重要原因且外债对经济增长的影响显著为负。Pattillo 等（2004）在考虑了外债可能的内生性对经济增长的影响后，研究发现外债是影响经济增长的重要变量且高外债对经济增长的影响显著为负。

Abu Baker（2008）利用马来西亚 1970—2005 年的样本数据证实外债对经济增长有积极影响。Ayadi（2008）利用尼日利亚和南非 1970—2007 年的数据证实外债增加对经济增长有负面影响。Cholifihani（2008）运用印度尼西亚 1980—2005 年的数据证明，外债偿还对经济增长的影响为负。Schclarek（2004）同时考察了发展中国家和发达国家政府外债对经济增长的影响，研究表明发展中国家总体外债与经济增长之间存在负相关；进一步将外债划分为公共外债和私人外债，结果显示公共外债与经济增长负相关，而私人外债与经济增长之间并不存在这种负面效应，公共外债主要是通过作用于资本积累从而对经济增长产生影响的；对于工业化国家而言，总体外债与经济增长之间并不存在稳定的线性和非线性关系。Presbitero（2008）运用 114 个发展中国家的面板数据研究发现，外债积压只有在制度良好的国家才会出现，而在制度质量低的国家外债与经济增长并不存在相关性。Cordella（2010）进一步区分了高债务的贫穷国家与低债务的发展中国家，研究发现外债与经济增长的关系依赖于债务水平、制度质量与政策的好坏；在政策合理、制度质量高的国家，当债务高出 GDP 的 15% ~ 30% 时，该国将出现债务积压，但是债务对经济增长的边际效应为零；在政策不合理、制度质量低的国家，当债务水平高出 GDP 的 70% ~ 80% 时，债务积压、债务对经济增长边际效应为零的门槛值更低，甚至债务根本没发挥任何作用。Imbs 和 Rancière（2007）、Harrabi 等（2007）研究发现在公共债务对低收入和中等收入国家经济增长的影响效应中，国家的政策和制度质量也发挥了重要作用。Dogan 和 Bilgili（2014）基于马尔科夫机制转换模型分析了外债对经济增长的非线性效应。研究发现，当机制为 0 或 1 时，公共外债与私人外债对经济增长均存在负面影响，而且公共外债对经济增长和发展的负面效应要大于私人外债。

尽管直接分析政府债务与经济增长的实证文献大多局限于外债，但是也有不少文献探讨了内债的增长效应。内债占总体债务比重的上升对经济增长发挥着越来越重要的作用。Diamond（1965）认为内债增加会推高利率，减少可支配收入，未来征税将会减少储蓄和资本存量，从而对经济增长产生不利影响。Carlberg（1985）细分了四种情形（未包含私人资本流动的外债、未包含私人资本流动的内债、包含私人资本流动的外债、包含私人资本流动的内债），从理论层面比较了内债与外债的长期效应。研究发现，在未包含私人资本流动的外债情形下，若利率低于产出自然增长率，那么外债融资优于完全的税收融资；在未包含私人资本流动的内债情形下，若储蓄率较小，那么单独的税收融资更好；在包含私人资本流动的外债情形下，若外债利率较小，那么外债融资最优；在包含私人资本流动的内债情形下，若外部负债率较低，那么内债融资更优。Beaugrand 等（2002）认为内债的融资成本远高于外债，所以内债高额的利息偿还负担将吸收大量的政府收益，从而减少保增长所需的财政支出。Guscina 和 Jeanne（2006）研究表明，尽管总体债务规模与 GDP 之比在发达国家和发展中国家之间并不存在显著差异，但是发达国家和发展中国家对内债的依赖程度存在显著差异。Abbas 和 Christiansen（2007）研究了低收入国家和新兴经济体内债对经济增长的影响。研究发现，若内债与 GDP、银行存款保持适度的比例，那么内债对增长的影响总体为正；但是，当内债与银行存款之比低于 35% 时，内债增加会阻碍经济增长。Darreau 和 Pigalle（2013）基于世代交叠模型的分析框架，证明在封闭经济和开放经济条件下政府债务增加都会挤占私人投资，无论是对政府内债还是政府外债而言，政府债务的挤出效应均存在。Grobéty（2017）基于流动性视角分析了政府债务与经济增长之间的关系。研究发现，政府债务增加对经济增长有正向影响，因为政府举债增加，私人投资者将购买的国债视为一种资产并将其用于抵押，从而放松了融资约束并且提高了私人向银行借贷的能力，因此促进了私人投资，最终推动经济增长。龚六堂和程宇丹（2015）探讨了发达国家和发展中国家的政府债务对经济增长影响的差异。研究结果表明，发达国家的政府内债与经济增长之间存在线性负相关，而发展中国家的政府内债则对经济增长产生线性正效应；政府外债对经济增长的负面效应在发达国家和发展中国家均成立，而且在发展中国家外债存量的负面效应更大。

还有一些学者探讨了政府内外债与经济增长的非线性关系。Patillo 等（2002）选择发展中国家 1969—1998 年的数据研究发展中国家外债与经济增长之间的关系。研究结果表明，发展中国家总体外债与人均 GDP 增长之间存在"倒 U 型"关系；当外债水平高于出口的 160%～170% 或 GDP 的 35%～40% 时，外债对经济增长的平均效应为负。Patillo 等（2004）研究还发现，当现有外债高出阈值且是初期债务水平的两倍时，那么债务增加将会导致人均 GDP 增长率下降 1%；当债务水平很低时，债务对经济增长的效应为正但并不显著。Kutivadze（2011）基于 1990—2007 年的跨国面板数据实证检验了政府内债融资和外债融资对经济增长的影响。研究发现，总体负债比率与人均 GDP 增长率之间存在非线性效应，而这种效应主要表现为政府外债与经济增长之间的非线性关系，政府内债与经济增长之间并非存在"倒 U 型"关系。

此外，在地方政府债务层面，刘希哲等（2020）从债务规模和债务结构的双重视角分析了地方政府债务对经济增长的影响。从债务结构来说，当地方政府的隐性债务占比过高时，地方政府债务的扩张对经济增长会产生显著的负面效应，因为隐性债务对民间投资的挤出效应更强。刘哲希等（2022）基于全球35个主要经济体2001—2018年的季度数据，从外债占比视角实证分析了政府债务与经济增长的关系。研究结果表明，政府债务中的外债占比偏低有利于降低系统性金融风险爆发的概率，也有助于拓宽政府部门的加杠杆空间；但是，政府债务过度依赖内债也在一定程度上制约了其"稳增长"的作用。

综合上述研究可以发现，现有文献仍存在以下几个方面的不足：第一，大多数文献主要是从总体债务规模的视角来研究政府债务与经济增长之间的非线性关系，只有少部分文献从政府债务结构的角度来探讨二者之间的关系。第二，在直接分析政府债务与经济增长二者之间的关系时，更多的文献集中于研究政府外债对经济增长的影响，鲜有文献探讨政府内债对经济增长的效应。第三，由于跨国间异质性因素的存在，不同国家政府债务的阈值效应可能存在显著差异，现有文献大多是将总体样本区分为发达国家和发展中国家，样本分类过于简单，可能导致所得的债务阈值存在较大偏差。

为解决上述问题，本章主要做了以下几个方面的工作：第一，由于政府内债和政府外债对宏观经济和政策环境的影响存在差异，所以本章除了考察总体政府债务的阈值效应外，还基于债务结构视角进一步将总体债务区分为政府内债和政府外债，然后分别考察政府内外债对经济增长的影响。第二，本章搜集了156个国家的面板数据，并按人均GDP标准将总体样本划分为高收入国家、中等收入国家以及低收入国家三类样本，然后分别探讨政府内债和政府外债在三类样本国家是否存在阈值效应并比较其差异。第三，本章还运用因变量替换和消除异常值法对三类不同样本国家基本模型的回归结果进行稳健性检验。

第二节 数据来源、描述性统计及模型设定

一、数据来源与描述性统计

本章采用 157 个国家 1984—2015 年的跨国面板数据进行实证检验，主要变量的含义和数据来源见附录表 2。为深入探究政府债务对经济增长的影响是否存在阈值效应，本章按照人均 GDP 的标准将总体样本划分为高收入国家、中等收入国家以及低收入国家三类子样本（具体分类标准参见附录表 3）。本章主要变量的描述性统计特征如表 5-1 所示。

表 5-1 主要变量的描述性统计

变量名	高收入国家		中等收入国家		低收入国家	
	均值	标准差	均值	标准差	均值	标准差
gdppcg	1.9103	3.7455	2.2164	5.0218	0.8077	5.6805
gdp_growth	0.0609	0.1156	0.0650	0.1464	0.1623	0.1623
DomDebt	30.9257	32.8506	16.5629	17.4631	11.3567	19.4320
TotDebt	53.3913	37.9118	59.8233	44.7921	84.2910	58.6173
ExDebt	34.0032	38.4755	42.3390	41.6698	73.5867	58.0738
gdppca	10.1378	0.6599	7.8921	0.7959	6.1640	0.4107
logGDP	11.3736	2.2454	9.4116	2.2474	7.9740	1.1666
inflation	1.3881	0.9393	2.1088	1.2264	2.1985	1.3833
savings	25.9411	11.4095	18.4330	13.7671	4.1648	10.2176
popgrowth	1.0629	1.8760	1.5845	1.1469	2.6985	1.0467
lly	75.4574	48.5263	43.7935	27.4189	25.4678	18.0343
mcap	57.9110	44.8106	30.0595	39.9762	39.7253	120.5116
burequality	3.2818	0.7896	1.8190	0.7970	1.0581	0.8097
laworder	5.0131	0.9801	3.0718	1.1317	2.8016	1.0953
tradeopen	87.5925	45.9576	80.4775	36.2285	55.1147	19.3456
dos_tot	18.1858	73.8915	30.0176	30.0808	15.3763	26.0390
ext_tot	8.9897	69.1022	64.0748	33.0738	79.8447	30.9352
icrg	16.9382	6.2251	5.7947	3.4039	3.2032	2.8537

二、计量模型的设定

有关政府债务与经济增长关系的经验研究较多，而且大多数是从总体债务规模的角度来研究的，鲜有文献从债务结构的角度来探讨政府债务对经济增长的非线性效应。本章在 Kutivadze（2011）研究的基础上，将总体债务/GDP、政府外债/GDP、政府内债/GDP 的平方项分别加入以下三个计量模型以考察政府债务与经济增长之间是否存在阈值效应。

总体政府债务的非线性回归方程如下：

$$Y_{it} = \alpha_0 + \alpha_1 TotDebt_{it-1} + \alpha_2 TotDebt_{it-1}^2 + \alpha_3 gdppca_{it} +$$
$$\alpha_4 inflation_{it} + \alpha_5 popgrowth_{it} + \alpha_6 TX_{it-1} + \eta_i + \varepsilon_{it} \quad (5.1)$$

其中，Y_{it} 表示国家 i 在 t 年的人均 GDP 增长率，$gdppca_{it}$ 表示 t 期取对数后的人均 GDP，$inflation_{it}$ 和 $popgrowth_{it}$ 分别表示 t 期的通货膨胀率和人口增长率。由于前期解释变量会影响当前经济增长率，所以我们将一些控制变量引入滞后项。$TotDebt_{it-1}$ 表示 t 年总体政府债务规模与 GDP 之比的滞后一期，$TotDebt_{it-1}^2$ 表示 t 年总体政府债务规模与 GDP 之比滞后一期的平方项。TX_{it-1} 表示总体债务方程一组滞后一期的控制变量，主要包括变量流动性负债与 GDP 之比（lly）、贸易开放度（$tradeopen$）、官僚质量与法律秩序交叉项（$icrg$）、外部债务规模与总体债务规模之比（ext_tot）、内部债务规模与总体债务规模之比（dos_tot）的一阶滞后项。η_i 表示个体效应，ε_{it} 是随机扰动项。

政府外债的非线性回归方程如下：

$$Y_{it} = \beta_0 + \beta_1 ExDebt_{it-1} + \beta_2 ExDebt_{it-1}^2 + \beta_3 EX_t + \eta_i + \varepsilon_{it} \quad (5.2)$$

其中，Y_{it} 表示国家 i 在 t 年的实际 GDP 增长率。$ExDebt_{it-1}$ 表示 $t-1$ 年政府外债与 GDP 之比，$ExDebt_{it-1}^2$ 代表 $t-1$ 年政府外债规模与 GDP 之比的平方项。EX_t 表示政府外债非线性方程的一组控制变量，包括内债规模与总体债务规模之比（dos_tot）、外债规模与总体债务规模之比（ext_tot）、通货膨胀率（$inflation$）、取对数后的人均 GDP（$gdppca$）、官僚质量

（ *burequality* ）、股票市场市值与 GDP 之比（ *mcap* ）、人口增长率（ *popgrowth* ）、取对数后的 GDP（ *logGDP* ）、法律与秩序（ *laworder* ）。此外，控制变量还包括哑变量高金融发展水平（ *HFD* ）[①]与 $DomDebt_{t-1}$ 的交叉项（ $HFD*DomDebt$ ）$_{it-1}$、流动性负债规模与 GDP 之比一阶滞后项（ $L.lly$ ）。

政府内债的非线性回归方程如下：

$$Y_{it} = \gamma_0 + \gamma_1 DomDebt_{it-1} + \gamma_2 DomDebt_{it-1}^2 + \gamma_3 (HFD*DomDebt)_{it-1} +$$
$$\gamma_4 DX_{it} + \gamma_5 DoX_{it-1} + \eta_i + \varepsilon_{it} \tag{5.3}$$

其中，Y_{it} 代表国家 i 在 t 年的实际 GDP 增长率。$DomDebt_{it-1}$ 表示 $t-1$ 年政府内债规模与 GDP 之比，$DomDebt_{it-1}^2$ 表示 $t-1$ 年政府内债规模与 GDP 之比的平方项。$(HFD*DomDebt)_{it-1}$ 表示哑变量高金融发展水平（ *HFD* ）与 $DomDebt_{it-1}$ 的交叉项。如果 γ_3 显著为正，那么意味着金融发展状况与国内债券市场的发展对经济增长的共同影响大于其各自对经济增长的影响。DX_{it} 表示政府内债非线性方程的一组当期控制变量，包括人口增长率（ *popgrowth* ）、取对数后的人均 GDP（ *gdppca* ）、通货膨胀率（ *inflation* ）、哑变量高金融发展水平（ *HFD* ）与 $DomDebt_{it-1}^2$ 的交叉项（ $HFD*DomDebt_{it-1}^2$ ）。DoX_{it-1} 表示政府内债非线性方程的一组滞后期控制变量，包括变量外债规模与总体债务规模之比（ *ext_tot* ）、国内总储蓄率（ *savings* ）、官僚质量与法律秩序交叉项（ *icrg* ）、流动性负债与 GDP 之比（ *lly* ）、贸易开放度（ *tradeopen* ）、股票市场市值与 GDP 之比（ *mcap* ）的一阶滞后项，η_i、ε_{it} 分别表示不变的个体效应与随机扰动项。

三、实证结果分析

为验证政府债务结构变化对经济增长的影响，本部分先考察总体政府债务规模对经济增长的影响，然后将总体政府债务细分为政府外债和政府内

[①] 金融发展水平用变量 *mcap* 衡量，若某国的 *mcap* 值高于其所属的分类样本（高、中、低收入国家）均值（ $\overline{mcap}$ ），则表明该国金融发展水平高，*HFD* 取值为 1，否则取值为 0。

债，在此基础上分别考察政府外债和政府内债对经济增长的影响是否存在阈值效应；如果存在，则进一步比较债务阈值点的差异并深入分析其原因。

(一) 总体政府债务与经济增长

表5－2 总体政府债务对经济增长影响的固定效应回归

变量名	因变量：人均GDP增长率（gdppcg）			
	总体样本	高收入国家	中等收入国家	低收入国家
L. TotDebt	0.01998** (2.03)	0.02608* (1.78)	0.02192* (1.68)	0.00288 (0.18)
(L. TotDebt)^2	-0.00009** (-2.51)	-0.00011* (-1.78)	-0.00009* (-1.94)	0.00001 (0.15)
gdppca	1.32270** (2.03)	0.94686 (0.85)	2.38011** (2.45)	2.19282 (0.58)
Inflation	-0.54464*** (-3.62)	0.00435 (0.02)	-0.78726*** (-4.48)	-0.68328 (-1.47)
L. lly	-0.05145*** (-8.26)	-0.04314*** (-6.14)	-0.05822*** (-4.00)	-0.03798 (-0.86)
L. tradeopen	0.02238** (2.35)	0.00480 (0.45)	0.03969** (2.64)	0.01642 (0.91)
L. icrg	-0.00589 (-0.13)	-0.00683 (-0.13)	-0.01288 (-0.21)	0.18799 (1.15)
L. ext_tot	-0.00694* (-1.77)	-0.00780** (-2.07)	0.02206*** (2.78)	-0.02115 (-1.70)
popgrowth	-0.50453** (-2.52)	-0.45921** (-2.25)	-0.59447 (-1.43)	0.11316 (0.20)
L. dos_tot	-0.00990** (-2.61)	-0.00921** (-2.62)	0.00188 (0.26)	-0.01118 (-0.87)
常数项	-6.67346 (-1.17)	-5.01198 (-0.43)	-16.17329** (-2.13)	-10.81830 (-0.45)
债务转折点	107.51***	118.92***	117.57***	无
95%置信区间	(68.49, 146.53)	(70.18, 167.66)	(66.69, 168.45)	无

注：***、**、*分别表示1%、5%及10%的显著性水平，括号内为t统计量的值。

表5-2描述了总体样本、高收入国家、中等收入国家和低收入国家总体债务规模对经济增长影响的固定效应回归结果。由表5-2我们可以发现，高收入国家和中等收入国家核心解释变量总体债务规模与GDP之比一阶滞后项 L. TotDebt 的系数显著为正，总体债务与GDP之比滞后一阶的平方项（L. TotDebt）^{2}系数显著为负，但是低收入国家总体债务规模与GDP之比的一阶滞后项及其平方项的系数符号均为正但并不显著。这说明总体政府债务规模对经济增长的影响在高收入国家和中等收入国家存在阈值效应。进一步，我们通过使用非线性组合估计法（Nonlinear Combinations of Estimators，nlcom）可得总体样本、高收入国家及中等收入国家的政府债务阈值点分别为107.51%、118.92%、117.57%。然而，在低收入国家，总体政府债务的阈值效应并不明显。对于其他控制变量而言，高收入国家流动性负债增加对经济增长的影响为负。在中等收入国家，人均收入水平和贸易开放度提高以及外债规模的扩大均有利于推动经济增长，但是通胀水平提高和金融机构流动性负债增加均不利于中等收入国家经济增长。在低收入国家，人均收入水平和贸易开放程度提高以及人口增长与经济增长呈正相关，但是通胀率提升、流动性负债比例增加以及外债规模占总体债务规模的比重上升均会对经济增长产生不利影响。

（二）政府外债与经济增长

表5-3 政府外债对经济增长影响的回归结果（高收入国家）

变量名	因变量：GDP 增长率（gdp_ growth）				
	模型一	模型二	模型三	模型四	模型五
	FE	FE	D-GMM	D-GMM	D-GMM
L. gdp_ growth			-0.34840* (-1.86)	-0.35703* (-1.93)	-0.33355 (-1.56)
L. ExDebt	0.00175*** (3.01)	0.00172*** (3.69)	0.01505*** (2.85)	0.01530*** (2.66)	0.01463** (2.20)
（L. ExDebt）^{2}			-0.00008 (-1.83)	-0.00008 (-1.81)	-0.00008 (-1.74)

续表

变量名	因变量：GDP 增长率（gdp_growth）				
	模型一	模型二	模型三	模型四	模型五
	FE	FE	D-GMM	D-GMM	D-GMM
dos_tot	−0.00010** (−2.43)	−0.00008 (−1.03)	0.00440* (1.83)	0.00464* (1.70)	0.00479* (1.70)
HFD * (L. DomDebt)	−0.00040 (−1.54)	−0.00048 (−0.93)		−0.00027 (−0.25)	−0.00027 (−0.24)
mcap	0.00167*** (4.58)	0.00220*** (7.29)			
logGDP	0.05361 (0.48)	−0.01396 (−0.54)			
gdppca	−0.12718 (−0.48)				
burequality		0.01235 (0.27)			
popgrowth		0.04491** (2.58)			
laworder		−0.02459** (−2.47)			0.02314 (0.31)
inflation			0.09913** (2.43)	0.10325** (2.23)	0.10650** (2.26)
L. lly			0.00174 (0.22)	0.00238 (0.27)	0.00380 (0.37)
ext_tot			0.00398* (1.76)	0.00420 (1.63)	0.00433 (1.62)
常数项	0.54859 (0.42)	0.11841 (0.51)			
AR（1）			0.017	0.006	0.018
AR（2）			0.635	0.637	0.639
Hansen 检验的 P 值			1.000	1.000	1.000
债务转折点			无	无	无
95% 置信区间			无	无	无

注：***、**、*分别表示1%、5%及10%的显著性水平。FE 估计方法下，括号内为 t 统计量的值。差分 GMM 估计方法下，括号内为 z 统计量的值。

表5-4　政府外债对经济增长影响的回归结果（中等收入国家）

变量名	因变量：GDP增长率（gdp_growth）				
	模型一	模型二	模型三	模型四	模型五
	FE	FE	D-GMM	D-GMM	D-GMM
L. gdp_growth			0.22890*** (3.12)	0.24440*** (3.05)	0.23835*** (2.81)
L. ExDebt	0.00152*** (2.70)	0.00115** (2.29)	0.00722*** (3.60)	0.00787*** (3.62)	0.00794*** (4.01)
(L. ExDebt)²			-0.00003** (-2.07)	-0.00003* (-1.87)	-0.00003* (-1.95)
dos_tot	-0.00017 (-0.49)	-0.00022 (-0.60)	0.01874 (0.61)	-0.01933 (-0.10)	0.04110 (0.45)
HFD*(L. DomDebt)	-0.00020 (-0.44)	-0.00022 (-0.49)		0.00347 (1.47)	0.00364 (1.63)
mcap	0.00083*** (3.19)	0.00061** (2.55)			
logGDP	0.14003*** (4.45)	0.06812*** (4.08)			
gdppca	-0.21831*** (-3.37)				
burequality		-0.01502 (-1.65)			
popgrowth		0.00393 (0.33)			
laworder		0.00221 (0.33)			0.01240 (0.64)
inflation			0.04124** (2.15)	0.04653*** (2.73)	0.04504*** (2.66)
L. lly			0.00163 (1.07)	0.00138 (0.89)	0.00177 (1.11)
ext_tot			0.01614 (0.53)	-0.02117 (-0.11)	0.03918 (0.43)

续表

变量名	因变量：GDP 增长率（gdp_growth）				
	模型一	模型二	模型三	模型四	模型五
	FE	FE	D-GMM	D-GMM	D-GMM
常数项	0.25778 （1.11）	−0.70372*** （−3.72）			
AR（1）			0.000	0.000	0.000
AR（2）			0.579	0.925	0.613
Hansen 检验的 P 值			1.000	1.000	1.000
债务转折点			122.43***	115.11***	118.65***
95% 置信区间			(56.97, 187.90)	(50.28, 179.94)	(48.19, 189.11)

注：***、**、*分别表示1%、5%及10%的显著性水平。FE 估计方法下，括号内为 t 统计量的值。差分 GMM 估计方法下，括号内为 z 统计量的值。

表5–5　政府外债对经济增长影响的回归结果（低收入国家）

变量名	因变量：GDP 增长率（gdp_growth）				
	模型一	模型二	模型三	模型四	模型五
	FE	FE	D-GMM	D-GMM	D-GMM
L. gdp_growth			−7.06135 （−1.14）	−2.15817 （−1.18）	6.73827 （0.12）
L. ExDebt	0.00130** （2.59）	0.00171* （2.61）	0.03323 （0.64）	−0.22442 （−1.19）	−0.08731 （−1.35）
(L. ExDebt)^2			−0.00035 （−0.71）	0.00220 （1.22）	0.00099 （1.45）
dos_tot	0.00209 （1.56）	0.00134 （0.87）	−0.01020 （−0.56）	0.04178 （1.56）	0.01864** （2.46）
HFD * (L. DomDebt)	0.00341*** （4.20）	0.00273 （1.06）		0.09669 （1.17）	0.00221 （0.04）
mcap	−0.00009** （−2.92）	0.00011 （0.88）			

变量名	因变量：GDP 增长率（gdp_growth）				
	模型一	模型二	模型三	模型四	模型五
	FE	FE	D-GMM	D-GMM	D-GMM
logGDP	0.15107*** (4.61)	0.11711*** (4.96)			
gdppca	-0.29753** (-3.58)				
burequality		0.13221** (4.51)			
popgrowth		-0.08557 (-1.50)			
laworder		0.02288 (0.78)			-0.26993 (-1.27)
inflation			-0.46724 (-1.27)	0.09467 (1.36)	-1.31406 (-0.16)
L. lly			-0.00678 (-0.42)	-0.00988 (-0.47)	-0.06599 (-1.17)
ext_tot			-0.00581 (-1.13)	0.00130 (1.30)	0.00110 (1.27)
常数项	0.51663 (1.46)	-1.13820*** (-6.07)			
AR（1）			0.000	0.046	0.000
AR（2）			0.870	0.439	0.449
Hansen 检验的 P 值			1.000	1.000	1.000
债务转折点			无	无	无
95%置信区间			无	无	无

注：***、**、*分别表示1%、5%及10%的显著性水平。FE 估计方法下，括号内为 t 统计量的值。差分 GMM 估计方法下，括号内为 z 统计量的值。

表5-3、5-4、5-5分别描述了高收入国家、中等收入国家以及低收入国家政府外债对经济增长影响的回归结果。由 FE 回归结果可知，

高、中、低三类不同收入水平国家的政府外债与GDP之比一阶滞后项L. ExDebt系数均显著为正，但是加入平方项（L. ExDebt）^{2}后，仅有中等收入国家政府外债一次项及其平方项的系数分别为正和负且均显著。这说明中等收入国家政府外债对经济增长的影响存在阈值效应，而且通过非线性回归方法（nlcom）可以得到中等收入国家政府外债阈值点处于115.11%~122.43%之间。反观高收入国家和低收入国家的回归结果，我们发现高收入国家和低收入国家样本核心解释变量 L. ExDebt、（L. ExDebt）^{2}的系数符号和显著性并不满足阈值效应的基本要求。由此我们可以得出，在高收入国家和低收入国家，政府外债与经济增长之间仅存在线性正相关但并不存在"倒U型"关系。对于其他控制变量而言，GDP总量增加和金融发展程度（mcap）提高有利于推动中等收入国家经济增长。在高收入国家，金融发展水平与人口增长率上升对经济增长的影响为正。在低收入国家，制度质量提高、内债规模占总体债务规模的比重上升有利于提高居民收入水平。

（三）政府内债与经济增长

表5-6 政府内债对经济增长影响的回归结果（高收入国家）

变量名	因变量：GDP增长率（gdp_growth）				
	模型一	模型二	模型三	模型四	模型五
	FE	D-GMM	D-GMM	D-GMM	D-GMM
L. gdp_growth		-0.23692** （-2.35）	-0.19039** （-2.13）	-0.19456 （-0.91）	-0.05228 （-0.45）
L. DomDebt	-0.00082 （-0.54）	-0.00481** （-2.24）	-0.00439** （-2.30）	-0.00047 （-0.07）	-0.00369 （-1.00）
（L. DomDebt）^{2}	0.00002 （1.48）			-0.00006 （-0.43）	-0.00003 （-0.56）
HFD * （L. DomDebt）	0.00092 （0.75）	0.00033 （0.41）	0.00012 （0.18）	-0.00392 （-0.54）	0.00554*** （2.66）

续表

变量名	因变量：GDP 增长率（gdp_growth）				
	模型一	模型二	模型三	模型四	模型五
	FE	D-GMM	D-GMM	D-GMM	D-GMM
L. ext_tot	0.00019* (1.73)	−0.00001 (−0.03)	0.00013 (0.24)	0.00019 (0.22)	0.00061 (0.97)
L. savings	0.00334 (0.48)	0.01504 (1.41)	0.00530 (0.55)	0.01681 (0.60)	0.02242* (1.94)
L. icrg	−0.00100 (−0.26)	−0.02668 (−1.36)	−0.02468 (−1.18)	−0.01222 (−0.49)	
L. lly	−0.00234 (−1.64)	−0.00302 (−0.90)	−0.00279 (−1.07)		0.00229 (0.72)
L. tradeopen	0.00334** (2.65)	0.00733** (2.27)	0.00558* (1.82)		
popgrowth	0.05356*** (3.59)		0.10768 (1.50)		0.01091 (0.27)
HFD * (L. DomDebt)^2	−0.00001 (−1.55)			0.00008 (0.57)	−0.00003* (−1.68)
gdppca	−0.13404** (−2.26)				−0.62907 (−0.97)
inflation	0.01780 (1.37)				−0.00057 (−0.03)
L. mcap	0.00149* (1.93)				
常数项	1.02735* (1.80)				
AR（1）		0.005	0.045	0.023	0.012
AR（2）		0.099	0.060	0.583	0.627
Hansen 检验的 p 值		1.000	1.000	1.000	1.000
债务转折点	无	无	无	无	无
95% 置信区间	无	无	无	无	无

注：***、**、*分别表示1%、5%及10%的显著性水平，FE 估计方法下括号内为 t 统计量的值，D-GMM 估计方法下括号内为 z 统计量的值。

表 5 - 7　政府内债对经济增长影响的回归结果（中等收入国家）

变量名	因变量：GDP 增长率（gdp_growth）				
	模型一	模型二	模型三	模型四	模型五
	FE	D-GMM	D-GMM	D-GMM	D-GMM
L. gdp_growth		0.09197*** (6.92)	0.09851*** (6.44)	0.13973* (1.83)	0.10446*** (5.07)
L. DomDebt	0.00267** (2.14)	0.00128*** (3.52)	0.00141** (2.45)	0.00707** (2.13)	0.00990*** (9.54)
(L. DomDebt)²	−0.00001** (−2.39)			−0.00003* (−1.76)	−0.00004*** (−6.26)
HFD ∗ (L. DomDebt)	0.00107 (1.27)	0.00255*** (6.77)	0.00250*** (7.51)	0.00382* (1.75)	0.00512*** (4.97)
L. ext_tot	0.00219*** (3.71)	0.00252*** (7.85)	0.00252*** (6.93)	0.00423** (2.21)	0.00515*** (7.73)
L. savings	0.00088 (0.54)	0.00319*** (3.05)	0.00299* (1.84)	0.00326 (0.46)	0.00248 (1.41)
L. icrg	−0.00718*** (−3.03)	−0.00688*** (−4.73)	−0.00731*** (−5.27)	−0.00613 (−0.89)	
L. lly	−0.00247*** (−3.90)	−0.00093* (−1.90)	−0.00092 (−1.53)		−0.00287*** (−4.42)
L. tradeopen	0.00147*** (3.03)	0.00328*** (11.05)	0.00307*** (10.88)		
popgrowth	0.00691 (0.51)		−0.01696 (−1.49)	−0.07307 (−0.87)	−0.07304*** (−3.63)
HFD ∗ (L. DomDebt)²	−0.00001 (−0.54)			−0.00004 (−1.08)	−0.00006*** (−3.70)
gdppca	0.17859*** (3.72)			0.10793 (0.62)	0.22158*** (4.10)
inflation	−0.00192 (−0.36)			0.04050*** (2.62)	0.03715*** (9.02)
L. mcap	−0.00007 (−0.24)				

续表

变量名	因变量：GDP 增长率（gdp_growth）				
	模型一	模型二	模型三	模型四	模型五
	FE	D-GMM	D-GMM	D-GMM	D-GMM
常数项	− 1. 51046 *** （− 3. 87）				
AR（1）		0. 000	0. 000	0. 000	0. 000
AR（2）		0. 811	0. 716	0. 812	0. 865
Hansen 检验的 p 值		1. 000	1. 000	1. 000	1. 000
债务转折点	106. 32 ***			111. 87 ***	117. 37 ***
95% 置信区间	（70. 32， 142. 32）			（33. 88， 189. 86）	（91. 62， 143. 12）

注：***、**、*分别表示1%、5%及10%的显著性水平，FE 估计方法下括号内为 t 统计量的值，D-GMM 估计方法下括号内为 z 统计量的值。

表 5 - 8　政府内债对经济增长影响的回归结果（低收入国家）

变量名	因变量：GDP 增长率（gdp_growth）				
	模型一	模型二	模型三	模型四	模型五
	FE	D-GMM	D-GMM	D-GMM	D-GMM
L. gdp_growth		− 0. 02432 （− 0. 18）	− 0. 19202 （− 1. 48）	− 0. 76472 （− 1. 09）	− 0. 29538 （− 1. 39）
L. DomDebt	0. 00732 （1. 66）	− 0. 00487 （− 0. 89）	− 0. 01056 （− 1. 06）	− 0. 02171 （− 0. 48）	0. 02898 （0. 73）
（L. DomDebt）^{2}	− 0. 00021 （− 1. 04）			0. 00066 （0. 73）	− 0. 00079 （− 0. 77）
HFD * （L. DomDebt）	− 0. 00963 （− 1. 28）	− 0. 00039 （− 0. 08）	0. 00551 （0. 55）	− 0. 00623 （− 0. 23）	− 0. 03853 （− 1. 26）
L. ext_tot	− 0. 00118 （− 1. 07）	− 0. 00038 （− 0. 06）	− 0. 00166 （− 0. 36）	− 0. 00526 （− 0. 45）	0. 00277 （0. 32）
L. lly	− 0. 02477 ** （− 3. 62）	0. 00207 （0. 24）	− 0. 01675 （− 1. 43）		− 0. 02711 （− 1. 36）
L. tradeopen	0. 00617 （1. 89）	0. 00643 （1. 58）	0. 00515 （1. 05）		

续表

变量名	因变量：GDP 增长率（gdp_growth）				
	模型一	模型二	模型三	模型四	模型五
	FE	D-GMM	D-GMM	D-GMM	D-GMM
popgrowth	0.21173* (2.14)		0.13677 (0.87)	0.16222 (0.64)	0.16657 (1.36)
L. icrg	0.01806* (2.26)	0.01601 (0.41)	0.01671 (0.69)	0.09021 (1.19)	
L. savings	−0.00125 (−1.41)	0.00008 (0.01)	−0.00058 (−0.16)	−0.00246 (−0.10)	0.00100 (0.07)
HFD * (L. DomDebt)^2	0.00027 (0.99)			−0.00051 (−0.49)	0.00094 (0.97)
gdppca	0.09706 (1.01)			−1.62605 (−0.89)	−0.33944 (−0.49)
inflation	0.00476 (0.73)			0.03392 (0.43)	−0.01942 (−1.01)
L. mcap	0.00037*** (6.23)				
常数项	−0.90001* (−2.22)				
AR（1）		0.020	0.017	0.024	0.048
AR（2）		0.099	0.106	0.489	0.196
Hansen 检验的 p 值		1.000	1.000	1.000	1.000
债务转折点	无	无	无	无	无
95% 置信区间	无	无	无	无	无

注：***、**、* 分别表示1%、5%及10%的显著性水平，FE 估计方法下括号内为 t 统计量的值，D-GMM 估计方法下括号内为 z 统计量的值。

表5-8 固定效应回归（FE）和差分 GMM 的回归结果表明，低收入国家政府内债规模与 GDP 之比一阶滞后项 L. DomDebt 及其平方项（L. DomDebt）^{2}的系数在5%的显著性水平上并不显著，这说明低收入国家政府内债规模的增加对其经济增长的影响并不明显。可能的原因是高收入国家、中等收入国家与低收入国家在金融发展水平方面存在显著差异。高收入国家资本市场发达，信息公开透明，一旦政府在国内大量增发债券，

将在短时间内导致资金需求激增，利率水平骤升，结果将遏制私人融资需求从而对经济增长产生不利影响。尽管中等收入国家金融发展方兴未艾，但是政府对金融市场的干预程度还比较高，与金融机构之间仍存在某种微妙的特殊联系。一方面，金融机构通过购买政府债券向公共部门提供稳定的信贷以获得稳定的资产收益；另一方面，公共部门一旦获得金融机构源源不断的信贷资金，则会将其大部分用于公共基础设施投资以拉动经济增长。尤其是在金融危机期间，稳定的信贷资金有利于政府在稳定金融市场、恢复社会生产方面发挥积极作用。对于低收入国家来说，金融市场发展不完善，资金存量小，政府在本国债券市场上的融资量也极为有限，所以政府增加内债规模对本国经济增长的影响并不明显。

表 5 - 6、5 - 7、5 - 8 分别展现了高收入国家、中等收入国家以及低收入国家政府内债对经济增长影响的固定效应回归和差分 GMM 回归结果。就核心解释变量而言，无论是采用固定效应回归还是差分 GMM 回归，中等收入国家政府内债与 GDP 之比一阶滞后项 L. DomDebt 的系数显著为正，这表明中等收入国家刚开始增加政府内债时有利于促进其经济增长。加入平方项 (L. DomDebt)² 后，我们从表 5 - 7 模型一、四、五的回归结果可知，中等收入国家政府内债一次项系数仍显著为正，但其平方项的系数显著为负。这表明中等收入国家政府内债存在阈值效应，随着政府内债的累积，内债对经济增长的促进作用逐步下降；通过使用非线性组合估计法（nlcom）可得政府内债的阈值区间处于 106.32% ~ 117.37% 之间。但是，高收入国家和低收入国家政府内债的阈值效应并不明显。由表 5 - 6 模型一、四、五的回归结果可知，高收入国家政府内债的核心解释变量 L. DomDebt、(L. DomDebt)² 的系数符号和显著性并不满足阈值效应的基本要求。根据表 5 - 6 模型二、三的回归结果可知，高收入国家政府内债一次项系数显著为负，这说明高收入国家政府内债与经济增长之间存在负相关，可能的原因是高收入国家政府内债增加推高了利率水平并挤占了部分私人投资从而对经济增长产生不利影响。

对于其他控制变量而言，中等收入国家国内总储蓄额和人均 GDP 增加、贸易开放水平提升将促进经济增长，但是流动性负债增加对经济增长的影响为负。对于高收入国家而言，贸易开放度提高和人口增加对经济增长有积极影响。对于低收入国家而言，金融发展水平与制度质量的提高将促进其经济增长，但是流动性负债增加将对低收入国家经济增长产生不利影响。

第三节　稳健性检验

为验证模型回归结果的稳健性，本章还从因变量替换和消除样本异常值两个角度对高收入国家、中等收入国家及低收入国家三类样本实证模型的回归结果进行稳健性检验。

一、因变量替换的稳健性检验

为进行因变量替换的稳健性检验，我们先用人均 GDP 增长率（gdppcg）替换实际 GDP 增长率（gdp_growth），然后用差分 GMM 法对三类样本进行实证回归。

表 5 – 9　政府外债因变量替换后的实证回归结果

变量名	因变量：gdppcg			
	总体样本	高收入国家	中等收入国家	低收入国家
	D-GMM	D-GMM	D-GMM	D-GMM
L. gdppcg	0.18979*** (2.80)	0.31813 (1.56)	0.16022** (2.10)	−1.02668 (−1.07)
L. ExDebt	0.07992*** (2.74)	0.05827 (0.68)	0.15553*** (2.68)	−0.41559 (−0.64)
(L. ExDebt)^2	−0.00037* (−1.82)	0.00137*** (3.61)	−0.00071** (−2.03)	0.00383 (1.60)
inflation	0.08721 (0.17)	−0.65250 (−0.80)	0.24841 (0.49)	2.18343 (0.56)

变量名	因变量：gdppcg			
	总体样本	高收入国家	中等收入国家	低收入国家
	D-GMM	D-GMM	D-GMM	D-GMM
L. lly	0.07362 (1.53)	−0.03265 (−0.30)	0.02532 (0.61)	−1.36194 (−1.42)
dos_tot	0.26129 (1.05)	0.06111 (0.88)	−0.33442 (−0.50)	−0.12085 (−0.46)
ext_tot	0.24554 (0.99)	0.05962 (0.85)	−0.39274 (−0.59)	0.02071 (0.36)
AR（1）	0.000	0.034	0.001	0.038
AR（2）	0.129	0.695	0.189	0.202
Hansen 检验的 p 值	0.948	1.000	1.000	1.000
债务转折点	109.07***	无	109.48***	无
95% 置信区间	(36.17, 181.97)	无	(55.68, 163.27)	无

注：***、**、*分别表示1%、5%及10%的显著性水平。D-GMM 估计方法下，括号内为 z 统计量的值。

表 5-9 显示了政府外债因变量替换后的差分 GMM 回归结果。由表 5-9 不难看出，分类样本中仅有中等收入国家样本核心解释变量的一次项 L. ExDebt 及其平方项（L. ExDebt)^2 的系数符号分别为一正一负且均显著，与表 5-3、5-4、5-5 中的差分 GMM 回归结果基本一致。这说明中等收入国家政府外债对经济增长的影响存在阈值效应，而在高收入国家和低收入国家中政府外债的阈值效应并不明显。

表 5-10　政府内债因变量替换后的实证回归结果

变量名	因变量：gdppcg					
	高	中	低	高	中	低
	D-GMM	D-GMM	D-GMM	D-GMM	D-GMM	D-GMM
L. gdppcg	−0.06150 (−0.33)	0.12612*** (6.18)	−0.27932** (−2.36)	0.40862*** (2.99)	0.05754* (1.76)	−0.11308 (−0.86)
L. DomDebt	−0.02837 (−0.49)	0.13140*** (3.58)	0.80234 (0.89)	−0.07431 (−0.67)	0.26877*** (7.07)	0.59087 (0.82)

续表

变量名	因变量：gdppcg					
	高	中	低	高	中	低
	D-GMM	D-GMM	D-GMM	D-GMM	D-GMM	D-GMM
(L. DomDebt)²	−0.00033 (−0.62)	−0.00037*** (−2.66)	−0.01714 (−0.56)	0.00090 (1.37)	−0.00075*** (−5.76)	−0.01388 (−0.72)
HFD * (L. DomDebt)	−0.00252 (−0.08)	0.09340*** (4.12)	−0.34453 (−0.45)	0.08657 (1.35)	0.12268*** (4.11)	−0.40014 (−0.74)
HFD * (L. DomDebt)²	0.00019 (0.40)	−0.00157*** (−4.62)	0.00578 (0.19)	−0.00073 (−1.38)	−0.00205*** (−4.98)	0.00748 (0.49)
L. ext_tot	−0.01230* (−1.75)	0.10977*** (7.20)	0.14581 (0.93)	−0.00895 (−1.04)	0.15488*** (10.64)	0.05409 (0.38)
gdppca	18.65723* (1.73)	5.16441*** (5.01)	5.58928 (0.32)	−9.19841** (−2.15)	9.48389*** (6.75)	7.05415 (0.34)
popgrowth	−1.78480*** (−2.96)	−0.01841 (−0.03)	4.26248 (0.92)	−1.69591*** (−2.87)	−1.59946* (−1.76)	3.33134 (0.60)
inflation	−0.78663** (−2.46)	−0.11881 (−0.83)	0.51611 (0.68)	−0.41030 (−0.97)	0.30777** (2.56)	0.34903 (0.41)
L. savings	0.60973** (2.33)	0.07587* (1.92)	0.12978 (0.78)	0.57005* (1.78)	0.04913 (1.02)	−0.54705 (−1.61)
L. icrg	0.07858 (0.16)	−0.12360*** (−3.18)	1.18128 (1.43)			
L. lly				0.03196 (0.37)	−0.12806*** (−4.16)	−0.65735 (−1.51)
AR (1)	0.014	0.000	0.000	0.042	0.000	0.003
AR (2)	0.907	0.075	0.462	0.188	0.093	0.382
Hansen 检验的 p 值	1.000	1.000	1.000	1.000	1.000	1.000
债务转折点	无	178.21***	无	无	178.42***	无
95% 置信区间	无	(114.82, 241.6)	无	无	(154.45, 202.39)	无

注：***、**、*分别表示 1%、5% 及 10% 的显著性水平。D-GMM 估计方法下，括号内为 z 统计量的值。高、中、低分别表示高收入国家、中等收入国家和低收入国家样本。

表 5-10 显示了政府内债因变量替换后的差分 GMM 回归结果。由表 5-10 的回归结果可以看出，仅有中等收入国家回归方程核心解释变量

L. DomDebt 和 （L. DomDebt）^{2} 的系数符号和显著性满足阈值效应的基本要求，这说明中等收入国家政府内债存在阈值效应，而高收入国家和低收入国家政府内债的阈值效应并不明显。

二、消除异常值的稳健性检验

一般而言，样本数据的异常值通常会导致实证回归结果产生偏差而使我们得出不正确的结论。为此，除了采用因变量替换来验证回归结果的稳健性外，本部分还通过消除样本数据上下 5% 异常值，然后分别对三类样本政府外债和政府内债基本模型进行回归以验证结果的稳健性，结果如表 5 - 11 和表 5 - 12 所示。

表 5 - 11　消除样本数据上下 5% 异常值后的实证回归结果 （政府外债）

变量名	因变量: gdp_growth					
	FE			D-GMM		
	高	中	低	高	中	低
L. gdp_growth				0.00412 (0.30)	0.08035 *** (7.88)	0.42071 *** (6.00)
L. ExDebt	0.00120 *** (6.68)	0.00071 *** (7.29)	0.00067 *** (4.90)	- 0.00163 (- 1.37)	0.00455 *** (12.10)	- 0.00006 (- 0.02)
（L. ExDebt）^{2}				0.00003 ** (2.33)	- 0.00003 *** (- 9.51)	0.00001 (0.57)
gdppca	- 0.03542 * (- 1.69)	- 0.02099 (- 1.43)	0.04613 (1.16)			
logGDP	0.03294 *** (4.73)	0.04100 *** (6.83)	0.04913 *** (4.29)			
mcap	- 0.00020 ** (- 2.14)	- 0.00011 (- 1.37)	0.00017 (1.22)			
dos_tot	- 0.00012 (- 0.62)	0.00004 (0.24)	0.00052 (1.03)	0.00004 (0.10)	0.00222 *** (12.82)	0.00225 * (1.84)
HFD * （L. DomDebt）	0.00032 *** (3.22)	- 0.00036 (- 1.51)	- 0.00157 ** (- 2.76)	0.00077 *** (7.61)	0.00480 *** (22.55)	- 0.00343 *** (- 3.37)

变量名	因变量：gdp_growth					
	FE			D-GMM		
	高	中	低	高	中	低
L. lly				-0.00202^{***} (-12.84)	-0.00654^{***} (-19.74)	0.00118 (0.61)
inflation				0.02346^{***} (6.01)	0.00790^{***} (3.63)	-0.01018 (-1.29)
ext_tot				0.00129^{***} (4.79)	0.00076^{***} (8.25)	0.00083^{*} (1.80)
laworder				0.00419 (0.63)	-0.00962^{**} (-2.20)	0.01653 (1.37)
常数项	-0.04013 (-0.28)	-0.16844^{**} (-2.07)	-0.67395^{***} (-2.93)			
AR（1）				0.000	0.000	0.000
AR（2）				0.238	0.054	0.531
Hansen 检验的 p 值				0.998	0.522	1.000
债务转折点				无	83.87^{***}	无
95% 置信区间				无	(75.50, 92.24)	无

注：***、**、* 分别表示1%、5%及10%的显著性水平。D-GMM 估计方法下，括号内为 z 统计量的值。高、中、低分别表示高收入国家、中等收入国家和低收入国家样本。

表5–11 显示了高、中、低三类不同收入水平国家消除样本数据上下5%异常值后政府外债对经济增长影响的回归结果。由 FE 估计的回归结果可以看出，高、中、低三类不同收入水平国家政府外债一次项 L. ExDebt 的系数显著为正，这说明高、中、低三类不同收入水平国家政府外债一次项与经济增长之间存在正相关。由差分 GMM 回归结果可以看出，仅有中等收入国家样本回归模型核心解释变量 L. ExDebt 和（L. ExDeb）^{2}的系数符号和显著性满足阈值效应的基本要求，这与表5–3、5–4、5–5的差分 GMM 回归结论一致。

表 5 - 12 消除样本数据上下 5% 异常值后的实证回归结果（政府内债）

变量名	因变量：gdp_growth					
	D-GMM					
	高	中	低	高	中	低
L. gdp_growth	-0.08793 (-0.35)	0.08325 (0.77)	0.20096 (0.36)	-0.10508 (-0.78)	0.07346 (0.92)	-0.12747 (-0.44)
L. DomDebt	0.00029 (0.04)	0.01191*** (2.80)	-0.00606 (-0.14)	-0.00061 (-0.09)	0.01289*** (2.88)	0.10512 (1.05)
(L. DomDebt)^2	-0.00008 (-0.55)	-0.00005** (-2.07)	-0.00073 (-0.39)	-0.00006 (-0.58)	-0.00006** (-2.17)	-0.00210 (-1.02)
HFD * (L. DomDebt)	-0.00493 (-0.73)	0.00130 (0.55)	-0.04440 (-0.72)	-0.00004 (-0.01)	0.00511* (1.65)	-0.08000 (-1.20)
HFD * (L. DomDebt)^2	0.00011 (0.86)	-0.00003 (-0.75)	0.00111 (0.61)	0.00004 (0.53)	-0.00007 (-1.37)	0.00175 (1.01)
L. ext_tot	0.00190 (1.20)	0.00548*** (3.20)	-0.02640 (-0.96)	0.00056 (0.59)	0.00637*** (3.65)	0.01921 (0.69)
gdppca	-0.51937 (-0.73)	0.18755 (1.27)	-2.68385 (-0.98)	-0.23147 (-0.19)	0.29548** (2.16)	-2.29277 (-1.64)
popgrowth	-0.06466 (-0.50)	-0.04079 (-0.55)	0.94782 (1.32)	0.03695 (0.73)	-0.06248 (-0.77)	0.18119 (0.89)
inflation	0.08185** (2.42)	0.00783 (1.14)	0.05498 (0.89)	0.01661 (0.68)	0.04861*** (2.93)	-0.01116 (-0.21)
L. savings	0.00340 (0.13)	0.00783 (1.14)	0.04907 (1.55)	0.00446 (0.15)	0.00625 (1.05)	-0.01718 (-0.50)
L. icrg	0.00875 (0.39)	-0.00499 (-0.88)	-0.07884 (-0.74)			
L. lly				-0.00254 (-0.28)	-0.00284* (-1.70)	-0.04729 (-1.04)
AR (1)	0.034	0.002	0.045	0.023	0.001	0.015
AR (2)	0.493	0.909	0.304	0.114	0.941	0.819
Hansen 检验的 p 值	1.000	1.000	1.000	1.000	1.000	1.000
债务转折点	无	118.16***	无	无	111.01***	无
95% 置信区间	无	(65.97, 170.34)	无	无	(66.83, 155.19)	无

注：***、**、* 分别表示 1%、5% 及 10% 的显著性水平。D-GMM 估计方法下，括号内为 z 统计量的值。高、中、低分别表示高收入国家、中等收入国家和低收入国家样本。

表 5 - 12 分别显示了高、中、低三类不同收入水平国家消除样本数据上下 5% 异常值后政府内债差分 GMM 的回归结果。由表 5 - 12 的回归结果可以看出，中等收入国家政府内债核心解释变量 L. DomDebt 和（L. DomDebt）^{2} 的系数符号分别为正与负，且均显著，而高收入国家和低收入国家政府内债的回归结果并不满足阈值效应的要求，这表明仅有中等收入国家政府内债存在阈值效应，而高收入国家和低收入国家政府内债的阈值效应并不明显。表 5 - 12 的回归结果与表 5 - 6、5 - 7、5 - 8 的结论基本一致。

第四节　非线性效应传导路径的经验分析

本节主要基于宏观经济学的增长核算理论来考察政府债务与经济增长之间非线性效应的传导路径。在新古典生产函数的理论框架下，借助 C - D 生产函数，我们可以发现影响经济增长率的因素主要有三个：投资增长率、全要素生产率增长率及人力资本增长率。

借用标准的新古典框架并假设柯布道格拉斯生产函数为：

$$Y = A K^{\alpha}(HL)^{1-\alpha}$$

其中，α 为资本收入份额，K 是物质资本，L 是劳动力投入，H 是人力资本投入，A 是全要素生产率。对于每个劳动者而言，人均生产函数可表示为：

$$y = A k^{\alpha} H^{1-\alpha}$$

其中，$y = Y/L$ 为人均产出，$k = K/L$ 为人均资本存量。将上式两边分别取对数然后求导可得：$\dfrac{\dot{y}}{y} = \dfrac{\dot{A}}{A} + \alpha\left(\dfrac{\dot{k}}{k}\right) + (1 - \alpha)\left(\dfrac{\dot{H}}{H}\right)$。

因此人均产出的增长率（$\dfrac{\dot{y}}{y}$）可分解为全要素生产率（Total Factor Productivity, TFP）的增长率（$\dfrac{\dot{A}}{A}$）、人均资本增长率（$\dfrac{\dot{k}}{k}$）以及人力资本增长率（$\dfrac{\dot{H}}{H}$）。

一、投资传导机制

政府债务的变化对社会投资的影响是多方面的。政府债务能否对投资产生积极作用，不但取决于利率水平的高低，而且受政府支出的性质（生产性支出和非生产性支出）、企业的资本边际效率和企业预期投资收益率等多种因素的影响。一般而言，政府债务的增加会引起公共部门和私人部门对社会资金的争夺与竞争加剧，从而导致利率上升。但是利率上升并不意味着私人投资会下降，企业是否继续投资还会受到企业资本边际效率和企业预期投资收益的影响。在利率水平不断上升的情形下，如果企业资本边际效率和企业预期投资收益率大于利率，那么私人投资者不仅不会减少投资，反而会扩大投资生产，从而促进经济增长。但是，如果因政府债务的融资需求增加引起利率上升，导致私人投资者的融资成本骤升，而企业资本边际效率和企业预期投资收益率远低于融资成本，在这种情形下，私人投资将会不断减少，那么增加政府债务将会对私人投资产生巨大的"挤出效应"，从而阻碍经济增长。

政府债务不但对私人投资有重要影响，而且也会影响公共投资的变化。政府债务通过影响公共投资进而作用于经济增长的效果取决于政府财政支出的性质。如果政府将债务融资用于铁路、公路和轨道交通等生产性领域，那么政府财政支出属于生产性投资，增加政府债务将导致生产性投资增加，从而有利于经济增长；但是，如果政府将债务融资所获的财政收入用于教育、国防和医疗等非生产性领域，则政府债务通过影响公共投资助推经济增长的效应并不明显。

表 5 – 13 显示了投资传导机制的实证回归结果。由表 5 – 13 可以看出，政府债务与 GDP 之比的一次项（govdebt）显著为正，但其平方项（govdebt_sq）的系数显著为负，这说明政府债务对投资的影响存在非线性关系，也表明政府债务通过作用于投资从而对经济增长的影响存在阈值效应。

表 5 – 13 投资传导机制的实证回归结果

变量名	因变量：总体资本形成与 GDP 之比（gcf_g）		
	模型一	模型二	模型三
	FE	差分 GMM	系统 GMM
L. DV	0.13455 *** （16.30）	0.03082 *** （26.74）	0.04253 *** （32.64）
L2. DV		0.03454 *** （28.41）	0.00966 *** （4.49）
gov_debt	0.00441 * （1.78）	0.00838 *** （9.92）	0.00575 *** （11.93）
gov_debt_sq	− 0.00001 * （− 1.84）	− 0.00002 *** （− 17.35）	− 0.00002 *** （− 25.54）
pcredit	− 0.00309 （− 1.62）	− 0.00830 *** （− 9.67）	0.00331 *** （3.89）
govconsump	1.84005 ** （2.58）	4.58494 *** （6.44）	2.89056 *** （6.18）
lnpopulation	− 0.41485 （− 1.45）	− 1.15698 *** （− 12.60）	0.36526 *** （2.85）
gcapital	0.93288 *** （104.96）	1.00390 *** （610.25）	0.98038 *** （512.12）
popgrowth	− 0.20136 *** （− 2.73）	0.14294 （1.57）	− 0.06289 （− 1.35）
常数项	5.63942 （1.20）	16.56549 *** （11.36）	− 6.89963 *** （− 3.32）
债务转折点	161.06 ***	201.25 ***	116.49 ***
95% 置信区间	（50.78，271.35）	（183.57，218.93）	（103.64，129.34）
观测值	2560	2334	2468
时间效应	未控制	控制	控制
个体效应	控制	控制	控制
AR（1）		0.0000	0.0000
AR（2）		0.1005	0.1284
Sargan 检验		1.0000	1.0000

注：***、**、* 分别表示 1%、5% 及 10% 的显著性水平。FE 估计方法下，括号内为 t 统计量的值。2SLS、GMM（包括差分 GMM 和系统 GMM）估计方法下，括号内为 z 统计量的值。L. DV、L2. DV 分别表示被解释变量的一、二阶滞后项。

二、全要素生产率传导机制

政府债务可以通过作用于全要素生产率从而对经济增长产生影响。当政府债务水平较低时，政府将债务融资所获财政资金用于研发投入，可以促进技术进步从而提高经济长期增长率。但是从短期来看，政府债务的增加有可能会阻碍技术创新，从而不利于经济增长。在短期内，政府债务的增加意味着有限的社会资金从私人部门向公共部门转移，导致利率上升，引起私人投资者的融资成本上升。与公共部门相比，私人部门资本存量有限，抗风险能力低。在融资成本上升的情形下，私人部门倾向于投资风险小、资金回笼快、技术含量低的短期项目，甚至为降低融资成本而减少研发支出，结果将阻碍技术创新而损害经济增长。

此外，政府债务增加将导致投资结构发生深刻变化，使社会资源由私人部门向公共部门过度转移。从投资实践来看，公共部门的投资效率低于私人部门，社会资源过度偏向于公共部门，不仅扭曲了社会投资，而且降低了投资效率，从而不利于技术革新和经济增长。

表 5 - 14 显示了全要素生产率传导机制的实证回归结果。由表 5 - 14 可以看出，政府债务与 GDP 之比的一次项（govdebt）、平方项（govdebt_sq）的系数分别为一正一负，且均显著，这表明政府债务与全要素生产率之间也存在非线性关系，政府债务通过作用于全要素生产率从而对经济增长的影响同样存在阈值效应。

表 5 - 14   全要素生产率传导机制的实证回归结果

变量名	全要素生产率（TFP）		
	模型一	模型二	模型三
	FE	2SLS	系统 GMM
L. DV	0.86587*** （101.14）	0.95516*** （109.25）	0.79418*** （103.85）
L2. DV			-0.02499*** （-3.18）

续表

变量名	全要素生产率（TFP）		
	模型一	模型二	模型三
	FE	2SLS	系统 GMM
gov_debt	0.00022** (2.24)	0.00072** (2.05)	0.00008* (1.78)
gov_debt_sq	-1.70e-06*** (-3.37)	-4.58e-06** (-2.05)	-1.77e-06*** (-8.94)
investment	0.00063** (2.45)	0.00045* (1.74)	0.00172*** (24.72)
lnpopulation	-0.03326*** (-2.87)	0.00191*** (2.82)	0.02773*** (12.67)
gcapital	-0.00111*** (-3.59)	-0.00075** (-2.33)	-0.00369*** (-51.10)
crisis	-0.01922*** (-6.54)	-0.02021*** (-6.68)	-0.02375*** (-20.85)
popgrowth	-0.00102 (-0.67)	-0.00392*** (-3.08)	-0.00535*** (-4.61)
常数项	0.65374*** (3.43)	0.01253 (0.91)	-0.18695*** (-5.70)
债务转折点	64.32***	78.38***	23.84**
95%置信区间	(37.29, 91.35)	(71.02, 85.75)	(2.49, 45.19)
观测值	2149	2129	2078
时间效应	控制	控制	控制
个体效应	控制	控制	控制
AR（1）			0.0003
AR（2）			0.1277
Sargan 检验			1.0000

注：***、**、*分别表示1%、5%及10%的显著性水平。FE估计方法下，括号内为t统计量的值。2SLS、GMM（包括差分GMM和系统GMM）估计方法下，括号内为z统计量的值。L.DV、L2.DV分别表示被解释变量的一、二阶滞后项。模型二的工具变量为总体政府债务规模与GDP之比（govdebt）的一阶滞后项。

三、人力资本传导机制

人力资本积累也是政府债务影响经济增长的一条传导路径。当政府债务水平较低时，政府的债务负担比较轻，于是加大教育资金的投入，提高人力资本积累，从而为长期经济增长培养一批高素质的人才队伍，最终促进技术进步和经济增长。但是，当政府债务负担过重时，政府将会减少教育和人力资本培训的资金投入，重视短期经济增长，而将有限的资金用于基础设施建设等生产性领域，降低了人力资本的积累速度，最终不利于技术进步和经济的长期增长。因此，政府债务通过人力资本作用于经济增长的效果取决于初期的政府债务水平和债务负担。

表 5 - 15　人力资本传导机制的实证回归结果

变量名	因变量：人力资本指数（hucapital）			
	模型一	模型二	模型三	模型四
	FE	2SLS	差分 GMM	系统 GMM
L. DV			1.69445 *** (388.24)	1.78800 *** (266.18)
L2. DV			-0.72537 *** (-150.24)	-0.79795 *** (-122.64)
gov_debt	0.00151 *** (5.87)	0.00293 *** (3.21)	0.00002 *** (11.44)	0.00005 *** (12.40)
gov_debt_sq	-6.18e-06 *** (-4.56)	-0.00002 *** (-2.89)	-3.42e-08 *** (-3.13)	-1.69e-07 *** (-9.93)
investment	0.00218 *** (3.13)	-0.01454 *** (-3.91)	-0.00009 *** (-6.09)	-1.68e-06 (-0.04)
savings	0.00165 *** (3.78)	0.01335 *** (16.09)	-0.00003 (-1.55)	0.00009 *** (5.84)
govconsump	0.41083 *** (8.47)	-1.30474 *** (-6.74)	-0.00652 ** (-2.55)	-0.00524 *** (-2.60)
lnpopulation	0.94079 *** (60.2)	-0.05173 *** (-8.36)	0.02548 *** (8.47)	0.00126 ** (2.47)

续表

变量名	因变量：人力资本指数（hucapital）			
	模型一	模型二	模型三	模型四
	FE	2SLS	差分 GMM	系统 GMM
gcapital	−0.00569*** （−6.87）	0.02501*** （6.18）	5.87e−06 （0.19）	3.07e−07 （0.00）
常数项	−13.17988*** （−50.65）	2.85130*** （27.62）	−0.33686*** （−7.68）	0.00274 （0.40）
债务转折点	122.50***	95.39***	318.94***	152.48***
95% 置信区间	（100.59，144.4）	（72.67，118.12）	（161.29，476.6）	（139.94，165.02）
观测值	2497	2414	2229	2339
时间效应	未控制	未控制	控制	控制
个体效应	控制	控制	控制	控制
AR（1）			0.0001	0.0001
AR（2）			0.4691	0.1187
Sargan 检验			1.0000	1.0000

注：***、**、*分别表示1%、5%及10%的显著性水平。FE 估计方法下，括号内为 t 统计量的值。2SLS、GMM（包括差分 GMM 和系统 GMM）估计方法下，括号内为 z 统计量的值。L. DV、L2. DV 分别表示被解释变量的一、二阶滞后项。模型二中的内生变量为投资率（investment）和总人口的对数（lnpopulation），工具变量分别为投资率的一阶滞后项（L. investment）和总人口对数的一阶滞后项（L. lnpopulation）。

表 5−15 显示了人力资本传导机制的实证回归结果。我们先采用固定效应回归估计了政府债务对人力资本的影响。由模型一的回归结果可以看出，政府债务与 GDP 之比的一次项（govdebt）的系数显著为正，而其平方项（govdebt_sq）的系数为负，这说明政府负债率与人力资本指数之间存在非线性关系，也表明政府债务通过作用于人力资本而对经济增长的影响可能存在阈值效应。此外，我们还运用 2SLS、差分 GMM 及系统 GMM 方法对人力资本传导机制进行实证检验。实证回归结果表明，核心解释变量的一次项、平方项的系数符号与显著性和 FE 回归结果相比并没有发生变化，这充分说明了人力资本传导机制的实证回归结果是稳健可靠的。

四、利率传导机制

政府债务可以通过利率影响经济增长。政府债务融资增加意味着政府部门和私人部门对社会资金的竞争加剧，从而导致企业融资成本和长期利率急剧上升。长期利率上升将抑制通货膨胀率的上涨，短期利率上升将会有利于稳定市场和推动经济增长。从长期来看，随着经济增长趋稳回升，通货膨胀率和利率水平将会处于更高水平，如果通货膨胀率处于可控水平并且人们能预期到未来通货膨胀率如何变化，那么居民将会增加消费，社会总需求上升，从而推动经济增长。但是一旦通货膨胀率越过某个临界值而变成恶性通货膨胀时，通货膨胀率的继续上升将会阻碍经济增长。可以看出，政府债务规模的变化将导致利率发生改变，从而引起通货膨胀率进行相应调整，最终对经济增长产生影响。

表 5 - 16 显示了利率传导机制的实证回归结果。首先，我们将政府债务对实际利率的影响进行固定效应回归。由模型一的回归结果可以看出，政府债务规模与 GDP 之比的一次项（govdebt）的系数显著为正，二次项（govdebt_sq）的系数显著为负，利用简单的数学知识可以判断，政府债务通过作用于利率而对经济增长的影响存在阈值效应。其次，我们还运用 2SLS、差分 GMM 及系统 GMM 方法对利率传导机制进行实证检验，实证结果表明 gov_debt、gov_debt_sq 的系数符号和显著性仍满足阈值效应的基本要求，这也充分说明了利率传导机制的实证回归结果是稳健可靠的。

表 5 - 16　利率传导机制的实证回归结果

变量名	因变量：实际利率（rir）			
	模型一	模型二	模型三	模型四
	FE	2SLS	差分 GMM	系统 GMM
L. DV			0.34409 *** （68.19）	0.35756 *** （48.85）
L2. DV			- 0.02793 *** （- 9.65）	- 0.03388 *** （- 10.13）

续表

变量名	因变量：实际利率（rir）			
	模型一	模型二	模型三	模型四
	FE	2SLS	差分 GMM	系统 GMM
gov_debt	0.07882*** (3.68)	0.07184* (1.93)	0.01429*** (5.81)	0.03476*** (18.83)
gov_debt_sq	-0.00066*** (-6.04)	-0.00058** (-2.58)	-0.00027*** (-27.35)	-0.00038*** (-54.97)
investment	0.13751*** (2.60)	-0.10455* (-1.90)	0.02845** (2.37)	0.10668*** (5.72)
savings	-0.30919*** (-11.72)	-0.08377*** (-4.43)	-0.25968*** (-59.72)	-0.18672*** (-48.61)
govconsump	4.99042 (1.38)	2.81372 (1.02)	-4.41631** (-2.24)	3.81705** (2.17)
lnpopulation	13.05621*** (8.36)	0.11454 (1.05)	7.08850*** (4.44)	1.76428*** (3.96)
gcapital	-0.08574* (-1.85)	0.11176* (1.83)	-0.01949*** (-3.81)	-0.00792 (-0.85)
aging	-0.38423* (-1.78)	-0.04363 (-0.92)	-1.31149*** (-3.36)	-0.29363*** (-4.08)
常数项	-198.41800*** (-8.03)	4.82673** (2.04)	-93.37225*** (-4.12)	-21.23057*** (-2.81)
债务转折点	59.70***	61.61***	26.90***	45.19***
95%置信区间	(43.88, 75.52)	(40.08, 83.14)	(19.68, 34.11)	(41.66, 48.72)
观测值	2232	2151	1939	2050
时间效应	未控制	未控制	控制	控制
个体效应	控制	控制	控制	控制
AR（1）			0.0000	0.0000
AR（2）			0.4678	0.5622
Sargan 检验			1.0000	1.0000

注：***、**、*分别表示1%、5%及10%的显著性水平。FE 估计方法下，括号内为 t 统计量的值。2SLS、GMM（包括差分 GMM 和系统 GMM）估计方法下，括号内为 z 统计量的值。L.DV、L2.DV 分别表示被解释变量的一、二阶滞后项。模型二的工具变量为总体政府债务规模与 GDP 之比（govdebt）的一阶滞后项。

第五节 本章小结

本章试图从债务结构的视角分析政府债务对经济增长是否存在阈值效应。为达到这一目标，本章主要做了以下几个方面的工作。

第一，本章搜集了 157 个国家 1984—2015 年的面板数据，然后按照人均 GDP 的标准将总体样本划分为高收入国家、中等收入国家以及低收入国家三类样本。在此基础上，我们实证分析了总体政府债务规模对三类不同收入水平国家经济增长的影响。实证结果表明，总体样本、高收入国家及中等收入国家的政府债务总规模对经济增长的影响存在阈值效应，且阈值点均处于 105% ~ 120% 区间，但是在低收入国家总体债务的阈值效应并不明显。

第二，我们将总体政府债务进一步细分为政府外债和政府内债，然后运用固定效应估计和差分 GMM 法分别考察政府内外债对高、中、低三类不同收入水平国家经济增长的影响是否存在阈值效应。研究表明，对于政府外债而言，中等收入国家政府外债的阈值效应明显，且阈值点处于 115.11% ~ 122.43% 之间；高收入国家和低收入国家政府外债与经济增长之间并不存在阈值效应，而是一种线性正相关关系。对于政府内债而言，高收入国家和低收入国家政府内债仍不存在阈值效应，但是高收入国家政府内债对经济增长的线性影响为负；中等收入国家政府内债对经济增长的影响仍存在阈值效应，而且阈值点处于 106.32% ~ 117.37% 之间。

第三，本章采用因变量替换和消除异常值法对实证模型的回归结果进行稳健性检验。研究发现，无论是采用因变量替换还是消除异常值法进行稳健性检验，检验结果均表明高、中、低三类不同收入水平国家政府外债和政府内债基本模型的回归结果是稳健可靠的。

第四，本章还基于新古典增长框架构建了计量模型，实证分析了政府债务影响经济增长的非线性效应的传导路径。传导路径主要有：投资传导机制、全要素生产率传导机制、人力资本传导机制以及利率传导机制。

政府内债和政府外债对高、中、低三类不同收入水平国家经济增长的影响存在显著差异。由此，本章可以得出以下两点政策启示：第一，由于中等收入国家金融发展水平提高与本国债券市场的发展能共同促进经济增长，因此中等收入国家应充分重视国内债券市场的建设，提高国债发行的市场化程度，加强信用风险的揭示与预警，强化短期债券风险的区分度，以充分发挥债务融资对经济增长的积极作用。第二，高收入国家和低收入国家在进行债务融资时应重点关注外债对经济增长的促进作用，采取差异化的宏观经济政策，大力吸引外来资本的流入。高收入国家应进一步完善资本市场体系建设和优化投融资环境，加强信息披露和监管内容的规范化，提高债券投资的收益性和流动性，大力吸引股权资本的流入。低收入国家应着力改善投资环境，通过提供税收减免和配套的产业政策重点吸引外商直接投资的进入。

第六章　政府债务影响经济
增长的机理分析

从理论层面而言，政府债务对经济增长的影响尚未形成定论。政府债务影响经济增长的传导链条较长，涉及面较广，分歧较大。为了全面分析政府债务影响经济增长的机理，本部分的研究思路是：第一节构建包含政府债务的 IS – LM 模型，得出政府债务影响经济增长的短期效应，在理论模型分析的基础上，总结政府债务影响经济增长的短期传导路径；第二节分别构建了政府债务影响经济增长的总储蓄机制、人力资本传导机制、利率传导机制以及政府债务与经济增长共存机制，以分析政府债务影响经济增长的长期效应。

第一节　政府债务影响经济增长的短期效应

一、包含政府债务的 IS – LM 模型

假设国民经济由居民、企业及政府三部门组成，并且国民收入（Y）是由消费（C）、投资（I）和政府购买（G）三部分构成。于是有方程：

$$Y = C + I + G \tag{6.1}$$

根据凯恩斯的消费理论可知，消费是收入的线性函数，于是我们假定消费倾向为常数 β 且有 $0 < \beta < 1$。假设自发消费部分为 α，税收 T 是收入

的函数且满足 $T = \tau Y$，e 为自主投资，d 为投资系数，r 为利率，那么消费函数可表示为如下方程：

$$C = C(Y) = \alpha + \beta(Y - T) = \alpha + \beta(Y - \tau Y) \qquad (6.2)$$

$$I = e - dr \qquad (6.3)$$

由方程（6.1）、方程（6.2）及方程（6.3）可得 IS 方程：$r = \dfrac{\alpha + e + G}{d} - \dfrac{1 - \beta + \beta\tau}{d}Y$ $\qquad (6.4)$

又假设政府支出源自税收和债务融资，D 表示政府债务，b 表示政府负债率，则有方程：

$$G = T + D = \tau Y + bY = (\tau + b)Y \qquad (6.5)$$

将方程（6.5）代入方程（6.4）可得：

$$Y = \frac{\alpha + e - dr}{1 - \beta(1 - \tau) - (\tau + b)} \qquad (6.6)$$

将方程（6.6）两边分别对 b 求导可得 $\dfrac{dY}{db} = \dfrac{1}{[1 - \beta(1 - \tau) - (\tau + b)]^2} >$ 0，这表明随着政府负债率上升，国民收入将会增加。

二、短期传导路径

假设政府支出不变但是税收减少，那么将形成政府赤字。政府降低税收增加赤字，提高了居民的可支配收入，因此增加了居民一生的财富。随着收入的上升，居民将增加产品消费，从而社会对产品和服务的总需求上升。按照凯恩斯的观点，在短期内，社会总需求的上升将导致经济体中各种生产要素得以充分利用，从而提高国民收入。具体影响路径如图 6 - 1 所示。

图 6 - 1 政府债务影响经济增长的短期效应

第二节　政府债务影响经济增长的长期效应

一、总储蓄机制

按照新古典增长理论的观点，短期工资和价格对总需求的影响与长期相比，其重要性要低于长期。因此，在长期，财政政策对国民收入的影响主要是通过改变生产要素的供给。

为分析政府债务对经济增长的长期效应，我们必须先熟悉国民收入的表达式。假设 Y 表示国民收入，C 表示私人消费，T 表示政府的税收收入。可以得出，私人部门的预算方程为：

$$Y = C + S + T \tag{6.7}$$

由于国民收入与国内产出相同，所以国内产出又可表示为如下方程：

$$Y = C + I + G + NX \tag{6.8}$$

其中，I 表示国内投资，G 表示政府对产品和服务的购买，NX 表示净出口。结合私人部门的预算方程与国内产出方程可得：

$$S + (T - G) = I + NX \tag{6.9}$$

这一方程说明储蓄（包括私人储蓄和公共储蓄）必须等于投资与净出口之和。

在不考虑国内居民净投资和净转移支付的情形下，经常项目差额通常由净出口（NX）表示。资本项目余额通常由国外净投资（NFI）表示。国外净投资的含义是本国居民对外国投资与外国居民对本国投资之差。一般而言，一国经常项目差额应与国外净投资相等，于是有以下方程成立：

$$NX = NFI \tag{6.10}$$

将方程（6.10）代入方程（6.9）可得如下方程：

$$S + (T - G) = I + NFI \tag{6.11}$$

假设政府维持支出不变但税收减少，因而提高政府赤字和减少了公共储蓄（$T - G$）。税收减少也意味着居民私人储蓄（S）增加。Elmendorf和 Mankiw（1998）按照传统的观点假设私人储蓄上升的幅度低于公共储蓄下降的幅度，其结果是国民储蓄下降。按照方程（6.11），国民储蓄的下降则意味着总体投资的下降（无论是国内投资还是国外净投资）。

如果国内投资的下降持续一段时期，那么则意味着国内资本存量的进一步降低，会导致产出水平下降。国内资本存量的减少，会引起资本的边际产量上升，结果引起利率水平和单位资本的收益上升。与此同时，劳动生产率下降，降低了平均工资和总体劳动收入，最终结果是国民收入水平下降。

如果国外净投资下降持续一段时期，那么意味着国内居民持有较少的外国资本（或者是外国居民持有更多国内资本），因此国内居民的收入水平下降。无论是国内投资的下降还是国外净投资的下降均意味着本国居民的收入水平下降。为了便于理解，本书特意梳理了政府债务通过总储蓄机制影响经济增长的传导路径如图 6-2 所示。

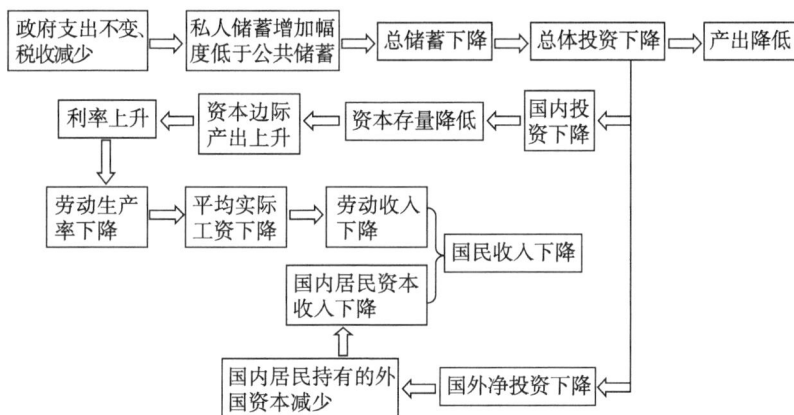

图 6-2　政府债务影响经济增长的总储蓄机制

二、人力资本传导机制

Uzawa（1965）和 Lucas（1988）利用内生增长框架证明人力资本是推动经济持续增长的重要因素。按照这一理论逻辑，那么政府通过税收和债务融资将其所得的资金投资于公共教育，有利于促进人力资本形成和经济增长。基于这一思路，本章基于 Greiner（2008）的研究，试图从人力资本视角来探讨政府债务变化对经济增长的影响。

（一）模型设定

假设我们的经济由三个部门组成：消费者部门、生产部门及政府部门。消费者通过劳动和储蓄获得劳动收入与资本收益。

1. 消费者部门

假设经济体中的总人口固定，L 表示无弹性的劳动力供给，代表性消费者在无限生命周期内满足预算约束力图实现消费效用的最大化。于是代表性消费者的效用最大化问题可写为：

$$\max_C \int_0^\infty \frac{e^{-\rho t}(C^{1-\sigma}-1)}{1-\sigma}dt \tag{6.12}$$

消费者预算约束条件为：$(1-\tau)(w\eta L + rA) = \dot{A} + C$ $\qquad$ (6.13)

其中，ρ 表示消费者的主观偏好率，$1/\sigma$ 表示消费的跨期替代弹性。w 表示工资率，r 表示利率。总财富 $A \equiv B + K$，该等式表明总财富由两部分组成，一部分是公共债务 B，另一部分是物质资本 K。τ 代表收入税率，且 $0 < \tau < 1$。如果把消费者可用的时间单位化，那么 η 表示用于从事生产的时间占比，$1-\eta$ 表示用于受教育的时间占比，而且受教育的部分促进人力资本形成。一般而言，消费者受教育的时间由政府通过立法形式予以确定，所以我们假定 η 为外生变量。

为求解消费者效用最大化问题，我们构建当期的汉密尔顿函数如下：

$$\Omega = \frac{C^{1-\sigma}-1}{1-\sigma} + \lambda[(1-\tau)(w\eta L + rA) - C] \tag{6.14}$$

于是消费者效用最大化的必要条件为：

$$C^{-\sigma} = \lambda \tag{6.15}$$

$$\dot{\lambda} = \rho\lambda - \lambda r(1-\tau) \tag{6.16}$$

横截性条件：$\lim\limits_{t\to\infty} e^{-\rho t}\lambda A = 0$

2. 生产者部门

假设经济体中的厂商完全竞争且追求利润最大化，并将生产函数设定为如下方程：

$$Y = K^{1-\alpha}(\eta\, h_c L)^{\alpha} \tag{6.17}$$

其中，α 表示劳动力份额，$1-\alpha$ 表示私人资本份额，而且 $0 < \alpha < 1$，人均人力资本记为 h_c。于是生产者利润最大化的均衡条件为：

$$w = \alpha(\eta L)^{-1}Y \tag{6.18}$$

$$r = (1-\alpha)K^{-1}Y \tag{6.19}$$

联立方程（6.15）、方程（6.16）、方程（6.17）及方程（6.19）可得消费增长率的方程为：

$$\frac{\dot{C}}{C} = -\frac{\rho}{\sigma} + \frac{(1-\tau)(1-\alpha)K^{-\alpha}(\eta\, h_c L)^{\alpha}}{\sigma} \tag{6.20}$$

人力资本是进行生产必不可少的投入要素。假设一个经济体中的教育部门形成人力资本，同时假定政府规定居民受教育的时间并且将部分财政资金用于购买书籍和教育设备，以推动教育部门人力资本的形成。因此，可以看出，教育部门的投入主要源自两部分：一部分是居民受教育的时间，另一部分是政府对教育部门的财政支出。进一步，我们假定劳动供给单位化（$L \equiv 1$），并将人力资本形成设定为柯布道格拉斯（Cobb-Douglas）函数形式：

$$\dot{h}_c = \varepsilon\left[(1-\eta)h_c\right]^{\gamma}E^{1-\gamma} \tag{6.21}$$

其中，E 表示政府对教育部门的公共支出，ε 是技术系数且大于零，γ 表示受教育时间投入的人力资本弹性，而且 $0 < \gamma < 1$。

3. 政府部门

假设经济体中政府部门的收入源自税收和发行政府债券，然后政府部门将其财政资金用于教育部门的公共支出和支付债务利息。于是政府部门的预算方程可写为如下形式：

$$\dot{B} = rB + E - T \equiv rB - P_s \qquad (6.22)$$

其中，T 表示税收收入。$P_s = T - E$ 代表财政盈余。根据 Blanchard 和 Fischer（1989）的研究，为确保公共债务可持续，必须满足如下条件：

$$\lim_{t \to \infty} e^{-\int_0^t r(s)ds} B(t) = 0 \Leftrightarrow B(0) = \int_0^t e^{-\int_0^s r(\mu)d\mu} P_s(s)ds \qquad (6.23)$$

方程（6.23）表明，公共债务要可持续，必须要求 $t = 0$ 期的公共债务与未来财政盈余的现值相等，由此也排除了政府实施庞氏骗局（Ponzi Game）的可能性。一般而言，当前的负债必须通过增加未来的财政盈余来偿还。Bohn（1995，1998）假定财政盈余与 GDP 之比是债务/GDP 的函数，且二者存在线性正相关。基于此，我们将财政盈余与 GDP 之比设定为如下函数形式：

$$\frac{P_s}{Y} = \varphi + \beta \frac{B}{Y} \qquad (6.24)$$

其中，参数 φ 表示随着 GDP 增加，财政盈余水平上升或下降。β 表示财政盈余相对公共债务变化的反应程度，我们假定 $\beta > 0$。

联立方程（6.22）和方程（6.24）可得：$\dot{B} = (r - \beta)B - \varphi Y$ （6.25）

求解微分方程，然后方程两边同时乘以 $e^{-\int_0^t r(s)ds}$ 可得如下方程：

$$e^{-\int_0^t r(s)ds} B(t) = e^{-\beta t}(B(0) - \varphi Y(0) \int_0^t e^{\beta s - \int_0^s (r(\mu) - g(\mu))d\mu}ds) \qquad (6.26)$$

其中，$B(0)$ 和 $Y(0)$ 分别表示在时间 $t = 0$ 时的债务水平和产出水平，g 表示 GDP 的长期平衡增长率。结合方程（6.23）和方程（6.26）可以看出，要保证公共债务可持续且经济处于动态有效，那么必须要求 $r > g$。

（二）长期均衡条件

模型的均衡状态是消费者获得效用最大化，生产者实现利润最大化，政府在既定的预算约束条件方程（6.22）下实施财政规则方程（6.24）。

联立方程（6.22）和方程（6.25）可得用于教育的财政支出 $E = T - \beta B - \varphi Y$，由于税收收入 $T = \tau(w\eta L + rA) = \tau w\eta L + \tau rB + rK$，将方程

（6.18）和方程（6.19）代入税收表达式可得：$T = \tau Y + \tau r B$，于是：

$$E = (\frac{\eta h_c}{K})^\alpha (\tau - \varphi)K + (\tau r - \beta)B \tag{6.27}$$

将方程（6.27）代入方程（6.21）可得人均人力资本增长率的表达式为：

$$\frac{\dot{h_c}}{h_c} = \varepsilon \frac{[(1-\eta)h_c]^\gamma}{h_c}[(\frac{\eta h_c}{K})^\alpha(\tau-\varphi)K + (\tau r - \beta)B]^{1-\gamma} \tag{6.28}$$

联立方程（6.13）、方程（6.18）、方程（6.19）及方程（6.25）可得物质资本的增长率表达式为：

$$\frac{\dot{K}}{K} = (1 - \tau + \varphi)\frac{Y}{K} - \frac{C}{K} - (\tau r - \beta)\frac{B}{K} \tag{6.29}$$

为分析变量在平衡增长路径附近的变化，我们重新定义一组新变量。记 $h = \frac{h_c}{K}$，$b = \frac{B}{K}$，$c = \frac{C}{K}$，将三个新变量分别对时间 t 求导并整理可得：

$$\dot{h} = h\varepsilon(1-\eta)r[\eta^\alpha h^{\alpha-1}(\tau-\varphi) + (b/h)(\tau(1-\alpha)\eta^\alpha h^\alpha - \beta)]^{1-\gamma} +$$
$$h[c + b(\tau(1-\alpha)\eta^\alpha h^\alpha - \beta) - (1-\tau+\varphi)h^\alpha \eta^\alpha] \tag{6.30}$$

$$\dot{b} = b[c + b(\tau(1-\alpha)\eta^\alpha h^\alpha - \beta) - (1-\tau+\varphi)h^\alpha \eta^\alpha] +$$
$$(1-\alpha)\eta^\alpha h^\alpha b - \varphi\eta^\alpha h^\alpha - b\beta \tag{6.31}$$

$$\dot{c} = c[\frac{(1-\tau)(1-\alpha)\eta^\alpha h^\alpha}{\sigma} - \frac{\rho}{\sigma} - (1-\tau+\varphi)h^\alpha \eta^\alpha + c] +$$
$$cb[\tau(1-\alpha)\eta^\alpha h^\alpha - \beta] \tag{6.32}$$

（三）模型长期均衡分析

令 $\dot{h} = \dot{b} = \dot{c} = 0$，可得平衡增长路径上的 h^*、b^* 及 c^*。首先使得 $\dot{c} = 0$ 可求出 c^*，然后将 c^* 代入方程（6.31）并令其为零可得如下方程：

$$b^* = \frac{\varphi\eta^\alpha(h^*)^\alpha}{(r-g) - \beta} \tag{6.33}$$

由于 b^* 为内生变量，所以 b^* 的取值可能为正也可能为负。当 $b^* > 0$ 时，这意味着政府为债务人；当 $b^* < 0$ 时，这意味着政府为债权人。事实

上，我们通常认为 $b^* > 0$ 。为此，我们分以下两种情形来进行讨论。

1. $\varphi > 0$

若 $\varphi > 0$ ，这意味着随着 GDP 增加，政府财政盈余也会相应增加。为保证经济平衡增长且政府债务为正，那么要求 β 取值不能太大而且需满足 $\beta < r - g$ 。其原因是：当 $\varphi > 0$ 时，如果 β 取值较大，那么随着公共债务增加，政府财政盈余也必须保证以较大比例增加，结果引起政府为缩减财政支出而对教育的支出严重不足，从而不利于人力资本形成和经济可持续增长。在此情形下，政府不能实施过于严格的预算政策，应加强对人力资本的投入以促进经济增长。

2. $\varphi < 0$

若 $\varphi < 0$ ，这意味着随着 GDP 增加和政府加大对教育部门的投入，政府财政盈余水平逐步下降。为保证经济持续增长且政府债务为正，那么要求 β 取值足够大而且需满足 $\beta > r - g$ 。其原因是：当 $\varphi < 0$ 时，如果 β 取值较小，表明政府对债务变化的反应不够敏感。随着公共债务的上升，政府并没有采取相应的政策加以控制，结果导致公共债务过度增加而挤占私人投资，从而不利于经济的可持续增长。在此情形下，政府不能实施过于宽松的预算政策，应适度控制公共债务规模以减少其对私人投资的挤出效应，最终促进经济的可持续增长。

三、利率传导机制

增加政府债务意味着政府对资金的需求上升从而引起利率上涨，结果遏制社会总需求从而不利于经济增长。不难看出，利率是政府债务影响经济增长的中间变量，而且政府内外债对经济增长的影响存在显著差异。因此，本部分参考 Diamond（1965）的分析框架，以探讨政府内债和政府外债对经济增长的影响。

假设一个经济体可以无限期运行，生产函数 $F(K, L)$ 表现出规模报酬不变的特征，资本不存在折旧。经济中的个体生命分为两期：第一期工作，第二期退休。两期的消费分别为 c^1 和 c^2，单个个体的效用函数为 $U(c^1, c^2)$，人口增长率为 n。

在中央计划经济条件下，t 期的生产函数为 $Y_t = F(K_t, L_t)$。假设年轻人的消费为 C_t^1，老年人的消费为 C_t^2，同代人个体的消费量相同，于是有 $C_t^1 = L_t c_t^1$，$C_t^2 = L_{t-1} c_t^2$。社会资源的分配满足以下方程：

$$Y_t + K_t = K_{t+1} + C_t = K_{t+1} + L_t c_t^1 + L_{t-1} c_t^2 \qquad (6.34)$$

又假设在中央计划经济条件下，资本与劳动力之比 $k_t = K_t / L_t$ 为常数，因此 $K_{t+1} = K_t(1 + n)$。于是总体消费满足如下条件：

$$Y_t - n K_t = C_t = L_t c_t^1 + L_{t-1} c_t^2 \qquad (6.35)$$

定义产出 – 劳动比为 $y_t = Y_t / L_t$，于是方程（6.35）可改写为：

$$y_t - n k_t = C_t / L_t = c_t^1 + c_t^2 / (1 + n) \qquad (6.36)$$

（一）消费者部门

单个消费者的效用函数及预算约束条件如下：

$$MaxU(c^1, c^2)$$

$$c^1 + c^2 / (1 + n) = y - nk$$

根据消费者效用最大化的条件可得：

$$\frac{\partial U}{\partial c^1} = (1 + n) \frac{\partial U}{\partial c^2}$$

由于资本劳动比保持不变，事实上可等价为生产函数的只有劳动力这种生产要素，根据 Samuelson（1958）的研究，我们可以得出最优的利率水平（r）等于人口增长率。

（二）生产者部门

由于生产规模报酬不变，所以生产函数可表示为：$F(K, L) = Lf(k)$。生产者利润最大化条件为：

$$r = f'(k)，w = f(k) - kf'(k)，定义 w = \varphi(r)，于是有：\frac{dw}{dr} =$$

$$\varphi^{'}(r) = -k。$$

储蓄可表示为工资和利率的函数，即有：$s_t = s(w_t, r_{t+1})$，且假定 $0 <$

$\dfrac{\partial s}{\partial w} < 1$。

（三）资本市场

资本市场上的供给函数为：总储蓄 $S_t = s_t L_t = L_t s(w_t, r_{t+1})$

资本市场上的需求函数为：$r_{t+1} = f^{'}(K_{t+1} / L_{t+1})$

联立资本市场上的供给函数和需求函数并令 $S_t = K_{t+1}$，可得：

$$r_{t+1} = f^{'}(S_t / L_{t+1}) = f^{'}(s(w_t, r_{t+1})/(1 + n)) \tag{6.37}$$

定义 $r_{t+1} = \psi(w_t)$，则有：

$$\frac{d r_{t+1}}{d w_t} = \psi^{'} = \frac{f^{''} \dfrac{\partial s}{\partial w}}{1 + n - f^{''} \dfrac{\partial s}{\partial r}} < 0$$

$$0 < \frac{d r_{t+1}}{d r_t} = \psi^{'} \varphi^{'} = \frac{-k f^{''} \dfrac{\partial s}{\partial w}}{1 + n - f^{''} \dfrac{\partial s}{\partial r}} \leqslant 1$$

外债与内债对经济增长的影响仅取决于为支付利息成本所征收的税收，并不包括因债务的增加而应支付的利息。定义外债与劳动力之比为 g_1，内债与劳动力之比为 g_2，单位工人支付的税收为 $(r_t - n)(g_1 + g_2)$，单位工人除去税收支付后的净工资为 $w_t - (r_t - n)(g_1 + g_2)$。

假设 t 时期的内债将在 $t+1$ 期偿还 G_{t+1}，那么资本市场的均衡条件可表示为：$S_t = K_{t+1} + G_{t+1}$，两边同时除以 L_{t+1}，则有以下均衡条件成立：

$$\frac{s_t}{1 + n} = k_{t+1} + g_2$$

于是方程（6.37）可表示为：

$$r_{t+1} = f^{'}\left(\frac{s(w_t - (r_t - n)(g_1 + g_2), r_{t+1})}{1 + n} - g_2\right)$$

于是债务的长期均衡方程为：

$$r = f'\left(\frac{s(\varphi(r) - (r - n)(g_1 + g_2), r)}{1 + n} - g_2\right) \quad (6.38)$$

为保证资本市场存在稳定的均衡解，同时假定资本市场供给和需求方程满足如下条件：

$$0 < \frac{dr_{t+1}}{dr_t} = \frac{-f''(k + g_1 + g_2)\frac{\partial s}{\partial w}}{1 + n - f''\frac{\partial s}{\partial r}} \leq 1 \quad (6.39)$$

将方程（6.38）两边分别对 g_1、g_2 求导可得：

$$\frac{dr}{dg_1} = \frac{-f''(r - n)\frac{\partial s}{\partial w}}{1 + n - f''\frac{\partial s}{\partial r} + f''(k + g_1 + g_2)\frac{\partial s}{\partial w}} \quad (6.40)$$

$$\frac{dr}{dg_2} = \frac{-f''\left((r - n)\frac{\partial s}{\partial w} + (1 + n)\right)}{1 + n - f''\frac{\partial s}{\partial r} + f''(k + g_1 + g_2)\frac{\partial s}{\partial w}} \quad (6.41)$$

由方程（6.39）可知，方程（6.40）的分母大于零，$\frac{dr}{dg_1}$ 的符号取决于 $(r - n)$。若利率高于人口增长率（或债务增长率），即 $r > n$，则外债上升推高利率水平，挤出私人投资，从而阻碍经济增长。反之，外债增加将会促进经济增长。可以得出，外债与经济增长之间可能存在非线性关系。同样的，$\frac{dr}{dg_2}$ 的符号取决于方程（6.41）分子符号的大小。

若 $r > n$，则有 $\frac{dr}{dg_2} > 0$，若 $r < n$，则方程（6.41）的分子可表示为如下形式：$-f''\left((r - n)\frac{\partial s}{\partial w} + (1 + n)\right) = -f''\left(1 + r\frac{\partial s}{\partial w} + (1 - \frac{\partial s}{\partial w})\right) > 0$，那么仍然有 $\frac{dr}{dg_2} > 0$，这表明增加政府内债只会挤占私人投资从而阻碍经济增长。

进一步，由 $\dfrac{dr}{dg_2} - \dfrac{dr}{dg_1} = \dfrac{-f''(1+n)}{1+n-f''\dfrac{\partial s}{\partial r}+f''(k+g_1+g_2)\dfrac{\partial s}{\partial w}} > 0$ 可得，

内债变化对利率的影响程度大于外债对利率的作用。

四、政府债务与经济增长共存机制

为探讨政府债务对经济增长的影响，我们必须找到同时满足政府债务可持续与经济增长的条件。为达到上述目标，我们基于 Kamiguchi 和 Tamai（2012）的研究，建立如下内生增长的理论框架。

（一）理论模型

1. 消费者部门

假设经济体中存在大量理性、同质及无限生命周期的消费者。消费者的目标是实现效用最大化，而且消费者效用函数如下：

$$U = \int_0^\infty e^{-\rho t}\ln C_t dt \qquad (6.42)$$

预算约束条件为： $\dot{M}_t = (1-\tau)(r_t M_t + \Gamma_t) - C_t \qquad (6.43)$

其中，C_t 表示单个居民的消费量，ρ 表示消费者的主观折旧率。经济中存在两种形式的资产：一种是公共债务 B_t，另一种是私人资本 K_t。公共债务和私人资本两种资产并不存在差异且均需支付利息，利率 r_t。假设 M_t 为总资产，那么 $M_t = B_t + K_t$。τ 表示税率，Γ_t 则代表劳动收入。因此，利用最优控制原理可求得消费者效用最大化方程为如下形式①：

$$\frac{\dot{C}}{C} = (1-\tau)r - \rho \qquad (6.44)$$

2. 生产者部门

假设每个厂商面临相同的生产函数和技术水平，私人资本 K 和公共资本 G 投入规模报酬不变，每个厂商的目标是追求利润最大化。因此，将厂

---

① 为描述方便，在不造成歧义的前提下将下标 t 省略。

商生产函数设定为 Cobb – Douglas 形式：

$$Y = A K^{1-\alpha} G^\alpha \tag{6.45}$$

其中，A 是技术系数，K、G 分别表示私人资本和公共资本，α 代表公共资本的产出弹性，且有 $0 < \alpha < 1$。因此可得利润最大化的条件如下：

$$r = \frac{(1-\alpha)Y}{K} \tag{6.46}$$

$$利润 \Gamma = Y - rK \tag{6.47}$$

3. 政府部门

Bohn（1998）和 Greiner（2008）将财政盈余/GDP 设定为债务比（debt/GDP）的线性正相关函数。鉴于此，我们将财政盈余/GDP 设定为如下函数形式：

$$\frac{P}{Y} = \beta \frac{B}{Y} + \psi \tag{6.48}$$

其中，财政盈余 $P = T - G$，T 表示税收收入（未包括政府债券收益的税收），G 表示生产性政府支出，Y 表示 GDP，我们假定 $\beta > 0$。

同时，我们还假定政府收益源自收入税，政府支出与总体税收成一定比例，即有 $T = \tau Y$ 和 $G = gY$。因此，政府预算方程可表示为：

$$\dot{B} = (1-\tau)rB + G - T \tag{6.49}$$

其中，g 表示政府支出与总产出之比，且由政府债务水平与 GDP 之比决定。进一步，我们用 x 表示政府债务与 GDP 之比，于是有以下表达式：

$$g = g(x) = \tau - \psi - \beta x \tag{6.50}$$

所以政府预算方程可整理为：$\dot{B} = [(1-\tau)r - \beta]B - \psi Y \tag{6.51}$

（二）模型均衡条件

方程（6.43）至方程（6.51）代表了市场出清条件。将 $G = gY$ 代入方程（6.45）可得生产函数的均衡条件为：$Y = A^{\frac{1}{1-\alpha}} g(x)^{\frac{\alpha}{1-\alpha}} K \tag{6.52}$

将方程（6.52）代入方程（6.46）可得利率的均衡条件为：

$$r = (1-\alpha) A^{\frac{1}{1-\alpha}} g(x)^{\frac{\alpha}{1-\alpha}} \tag{6.53}$$

由方程（6.43）、方程（6.48）及方程（6.51）可得资源约束方程为：

$$\dot{K} = Y - C - G \qquad (6.54)$$

为找到同时满足政府债务可持续和经济增长的条件，我们首先推导动态方程，定义新变量 $z = C/K$，于是可得如下动态系统：

$$\dot{z} = z\left\{z - \left[(1-\tau)\alpha + \psi + \beta x\right]A^{\frac{1}{1-\alpha}}g(x)^{\frac{\alpha}{1-\alpha}} - \rho\right\} \qquad (6.55)$$

$$\dot{x} = \left[zx - \psi - \left\{\left[(1-\tau)\alpha + \psi + \beta x\right]A^{\frac{1}{1-\alpha}}g(x)^{\frac{\alpha}{1-\alpha}} + \beta\right\}x\right]\varphi(x)$$

$$(6.56)$$

其中 $\varphi(x) = \dfrac{(1-\alpha)(\tau - \psi - \beta x)}{(1-\alpha)(\tau - \psi) - \beta x}$。为分析动态系统，我们令 $\dot{z} = \dot{x} = 0$，可得一组平衡增长路径均衡点 (z^*, x^*)。

（三）政府债务与经济增长可持续性分析

由 $g = \tau - \psi - \beta x > 0$ 可得 x 的最高临界值 $\bar{x}$，而且有 $\bar{x} = (\tau - \psi)/\beta$。由 $\dot{z} = \dot{x} = 0$ 可得：$x^* = \dfrac{\psi}{\rho - \beta}$ $\qquad (6.57)$

可以得出，当 $x^* < \bar{x}$ 时，有 $z^* > 0$ 成立，这表明存在平衡增长路径的均衡点。联立方程（6.50）和方程（6.57）可得：$\tau > \rho\omega$ $\qquad (6.58)$

要同时满足政府债务可持续与经济持续增长，那么首先必须要求 $x^* \geq 0$ 和 $g^* > 0$。

定义 $\omega = \dfrac{\psi}{(\rho - \beta)} \geq 0$，我们分以下两种情形来讨论平衡增长路径的存在性。

（1）$\psi \neq 0$，平衡增长路径存在当且仅当：

$$\beta > \rho,\ \omega < \frac{(1-\alpha)\tau}{(1-\alpha)\rho + \alpha\beta}\ \text{或者}\ \beta < \rho,\ \frac{(1-\alpha)\tau}{(1-\alpha)\rho + \alpha\beta} < \omega < \frac{\tau}{\rho}$$

（2）$\psi = 0$，平衡增长路径存在当且仅当 $\beta > \rho$。

（四）财政政策影响经济增长的比较静态分析

为探讨财政政策对经济增长率的影响，我们必须先求出平衡增长率 γ^*。

由方程（6.44）、方程（6.53）及方程（6.58）可得平衡增长率的表达式为：

$$\gamma^* = (1-\tau)(1-\alpha)(g^*)^{\frac{\alpha}{1-\alpha}} A^{\frac{1}{1-\alpha}} - \rho$$
$$= (1-\tau)(1-\alpha)(\tau-\rho\omega)^{\frac{\alpha}{1-\alpha}} A^{\frac{1}{1-\alpha}} - \rho \qquad (6.59)$$

为了准确分析财政政策对经济增长的影响，接下来我们分以下两种情形进行讨论。

（1）收入税率 τ 和债务比 ω 不相关。

命题一：若收入税率 τ 和债务比 ω 不相关，对于给定的税率 τ，债务比 ω 增加则降低平衡增长率。

将方程（6.59）两边分别对 ω 求偏导可得：

$$\frac{\partial \gamma^*}{\partial \omega} = -\alpha\rho(1-\tau)(\tau-\rho\omega)^{\frac{\alpha}{\alpha-1}-1} A^{\frac{1}{1-\alpha}} \qquad (6.60)$$

由于 $g^* = \tau - \dfrac{\rho\psi}{\rho-\beta} > 0$，且 $\omega = \dfrac{\psi}{(\rho-\beta)}$，则有 $\tau > \rho\omega$，因此 $\dfrac{\partial \gamma^*}{\partial \omega} < 0$。进一步，为实现长期平衡增长率最大化的目标，政府选择合适的债务比应遵循以下两种原则：当 $\beta > \rho$ 时，政府的最优债务比为 $x^* = 0$；当 $\beta < \rho$ 时，政府的最优债务比为 $x^* = \dfrac{(1-\alpha)\tau}{(1-\alpha)\rho+\alpha\beta} + \mu$，其中 $\mu > 0$。

命题二：若收入税率 τ 和债务比 ω 不相关，对于给定的债务比 ω，若 $\tau < \alpha + (1-\alpha)\rho\omega$，提高税率 τ 则会提升长期平衡增长率；若 $\tau > \alpha + (1-\alpha)\rho\omega$，继续提高税率 τ 则会降低长期平衡增长率。

将方程（6.59）两边分别对 τ 求导可得：$\dfrac{\partial \gamma^*}{\partial \tau} = A^{\frac{1}{1-\alpha}}(\tau-\rho\omega)^{\frac{\alpha}{1-\alpha}-1}[\alpha+(1-\alpha)\rho\omega-\tau]$

因此，当 $\tau < \alpha+(1-\alpha)\rho\omega$ 时，$\dfrac{\partial \gamma^*}{\partial \tau} > 0$；当 $\tau > \alpha+(1-\alpha)\rho\omega$ 时，$\dfrac{\partial \gamma^*}{\partial \tau} < 0$。

（2）收入税率 τ 和债务比 ω 相关。

命题一：若收入税率 τ 和债务比 ω 相关，$\omega > 0$ 且 $\tau = \alpha + (1-\alpha)\rho\omega$，那么保证公共债务可持续与经济长期平衡增长当且仅当：

$$\beta > \rho，\omega < \frac{1-\alpha}{(1-\alpha)\rho + \beta} \text{ 或者 } \beta < \rho，\frac{1-\alpha}{(1-\alpha)\rho + \beta} < \omega < \frac{1}{\rho}$$

进一步，在增长率最大化的政策下（$\tau = \alpha + (1-\alpha)\rho\omega$），长期平衡增长率可表示为如下形式：

$$\overline{\gamma}^* = \rho(1-\alpha)^2(1-\rho\omega)^{\frac{1}{1-\alpha}} A^{\frac{1}{1-\alpha}} \alpha^{\frac{\alpha}{1-\alpha}} - \rho \qquad (6.61)$$

将方程（6.61）两边分别对 ω 求导可得：

$$\frac{d\overline{\gamma}^*}{d\omega} = -(1-\alpha)(1-\rho\omega)^{\frac{\alpha}{1-\alpha}} \rho^2 A^{\frac{1}{1-\alpha}} \alpha^{\frac{\alpha}{1-\alpha}} < 0$$

同样的，当税率 τ 和债务比 ω 相关且存在 $\tau = \alpha + (1-\alpha)\rho\omega$ 时，那么提高债务比 ω 将降低长期平衡增长率。

命题二：若收入税率 τ 和债务比 ω 相关且有 $\tau = \alpha + (1-\alpha)\rho\omega$，政府债务设定最优债务比应遵循两种原则：若 $\beta > \rho$，则最优债务比为 $x^* = 0$；若 $\beta < \rho$，则最优债务比为 $x^* = \frac{1-\alpha}{(1-\alpha)\rho + \beta} + \eta，\eta > 0$。

综合上述命题，我们可以得出两点结论：第一，只要在长期将政府债务规模与 GDP 之比控制在一个合理的范围，那么政府债务与经济增长均能实现可持续；第二，随着政府债务规模占 GDP 的比重上升，那么长期平衡增长率会下降。

五、其他机制

（一）货币政策

一般而言，高债务的国家面临高利率。因此，为降低利率水平，货币当局往往实施扩张性的货币政策。在短期内，扩张性的货币政策能够降低利率水平，但是在长期非但对实际利率几乎没有任何影响反而会使通货膨胀和名义利率水平提高。在极端情况下，高债务水平国家通过额外的借贷为现有赤字融资变得十分困难，于是转向通过征收铸币税（通常是增发货币）来增加财政收入。如果财政部门能迫使货币当局通过征收铸币税来为现有赤字融资，那么通货膨胀是一种财政现象而不是一种货币现象（Sargent & Wallace，1981）。甚至在某些情形下，债务增加导致货币增发严重，最终引起恶性通货膨胀而不利于经济增长。但是值得一提的是，对于当前大部分国家而言，铸币税占其政府财政收入的比重极小。本书将政府债务通过货币政策影响经济增长的传导路径梳理如图 6-3 所示。

政府债务上升 ⇒ 利率上升 ⇒ 扩张性货币政策 ⇒ 名义通胀（或恶性通胀）和利率上升 ⇒ 阻碍经济增长

图 6-3 政府债务影响经济增长的路径：货币政策

（二）税收净损失

在不存在总量税的情形下，"先发债后征税"的偿还模式会扭曲个体行为并产生净损失。因此，政府刚开始以减税维持赤字时，产生的净损失比较少。随着债务的积累，政府必须通过提高税率来偿还债务，由此带来的净损失逐步增加，从长远来看最终不利于经济增长。

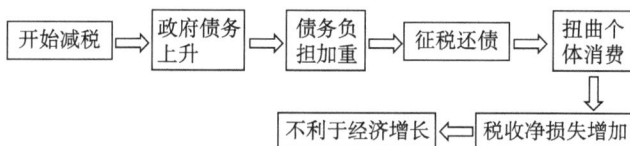

开始减税 ⇒ 政府债务上升 ⇒ 债务负担加重 ⇒ 征税还债 ⇒ 扭曲个体消费 ⇓ 不利于经济增长 ⇐ 税收净损失增加

图 6-4 政府债务影响经济增长的路径：税收净损失

（三）国际投资者信心

一国政府债务的变化可以影响外来投资者对该国的投资信心，从而影响其经济增长。一般而言，外来资本的涌入可以缓解一国融资瓶颈，有利于增加投资和就业机会，从而促进一国经济增长。一国政府债务规模急剧增加意味着该国债务违约的可能性逐步加大，外国投资者对该国未来经济持续增长缺乏信心，开始逐步减少资本投入甚至撤出投资而引发资本外逃。从长期来看，该国的货币逐步贬值，投资锐减，最终不利于经济增长。

政府债务累积 ⇒ 债务违约风险加大 ⇒ 外来投资者缺乏信心 ⇒ 资本外逃 ⇒ 本币贬值 ⇒ 经济增长放缓

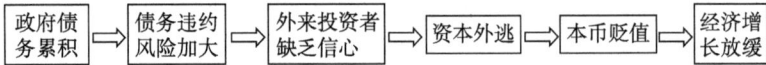

图6-5　政府债务影响经济增长的路径：国际投资者的信心

（四）政治独立

一国政府债务规模增加将降低其政治独立性和国际领导能力，从而对长期经济增长产生不利影响。如果一国政府债务规模，尤其是外债规模在短期内急剧增加，远高于私人储蓄，那么该国经济极有可能出现资本外逃和经济"硬着陆"。为偿还现有债务，债务国必须向外国举借新债。由于债务国现有债务水平已经居高不下，债权国为了保证资金安全而在提供贷款的过程中往往会附加一些政治和经济等方面的条款，这严重损害了债务国的政治独立和经济独立，世界权力格局、政治影响力及国际话语权也逐步向债权国倾斜，最终将不利于债务国经济的长期增长。

政府债务（尤其是外债）剧增 ⇒ 借新债还旧债 ⇒ 接受附加条款 ⇒ 政治独立性削弱 ⇒ 政治影响力下降 ⇒ 影响长期增长

图6-6　政府债务影响经济增长的路径：政治独立

第七章 政府债务与经济增长的双向因果关系研究——基于面板VAR模型的分析

2008 年国际金融危机和 2009 年欧债危机的爆发引起了世界各国对财政政策的有效性与政府债务风险的广泛关注。Reinhart 和 Rogoff（2010）指出，金融危机的爆发加剧了政府债务的扩张。他们还进一步发现政府债务对经济增长的影响存在非线性效应和债务阈值，当政府债务规模与 GDP 之比低于 90% 时，政府债务规模与实际 GDP 增长之间的关系不明显；当政府债务规模与 GDP 之比大于 90% 时，政府债务对经济增长的影响为负。此后，众多学者受到他们研究的启发继续对政府债务的阈值效应做了更加深入的探讨。但是，后续有关政府债务阈值效应的实证文献研究的是政府债务对经济增长的单向影响，鲜有文献考察经济增长对政府债务可能产生的反作用。与此同时，基于简单的经济逻辑分析我们可以发现，当经济形势好且经济增长率较高时，一方面意味着政府的财政收入增加，政府总体债务规模会得到削减，因此总体政府债务规模/GDP 的"分子"减少，政府负债率会降低；另一方面，经济增长率提高意味着 GDP 总量会增加，政府负债率的"分母"会增大，所以政府负债率也会因 GDP 增加而下降。综合上述两方面我们可以推断出，经济增长将会导致政府负债率降低。因此在分析政府债务与经济增长二者之间的关系时，我们不能忽略经济增长对政府债务可能产生的反作用。

此外，分析政府债务与经济增长二者之间是否存在双向因果关系对政府加强债务管理和防范债务风险具有重要的现实意义。依据债务阈值论的基本观点，当一国政府债务规模与 GDP 之比高于债务阈值时，那么为保持经济可持续增长，该国就应该削减总体债务规模以防范可能发生的债务风险。但现实情况是，欧债危机发生后一些国家致力于紧缩政府赤字和福利开支并没有使本国的经济增长呈现显著改善的迹象。例如，2016 年《财政监测报告》数据显示，2009—2011 年希腊的一般政府赤字率由 15.2% 降至 10.2%，但是 GDP 年增长率由 -4.3% 降至 -9.1%；2009 年葡萄牙的一般政府赤字率为 9.8%，到 2011 年下降至 7.4%，但是 GDP 年增长率仅由 -3.0% 上升至 -1.8%。同时，短期大幅削减政府支出尤其是福利开支，很容易引起民众抗议和导致社会动荡，最终给本国经济增长带来不利影响。因此，在世界主要经济体经济增速分化明显和经济复苏前景并不特别明朗的情形下，探究政府债务与经济增长的双向因果关系，不仅能完善前人有关政府债务与经济增长二者之间关系的理论研究，而且有利于政府转变债务管理思路并充分重视经济增长对政府债务的"瘦身"作用。

第一节　面板 VAR 模型的简介

一、面板 VAR 模型估计原理

向量自回归模型（VAR）在时间序列分析中的应用非常广泛，而且还要求时间序列资料的时间维度较长。Holtz-Eakin 等（1988）最先将 VAR 方法用于面板数据模型中，后来经过 Arellano 和 Bond（1991）、Arellano 和 Bover（1995）、Blundell 和 Bond（1998）等人不断改进，目前面板 VAR 模型已广泛应用于宏观经济学、劳动经济学等众多领域。由于大多数面板数据呈现"短时序、大截面"（即 T 小、N 大）特征，所以采用传统的 VAR 方法来估计面板数据模型通常会遇到两个问题：一是面板数据的时间维度比较短，无法将 VAR 方法直接应用到面板 VAR 模型中；二是用 VAR 方估计时间序列数据时，通常忽略个体的差异，但是面板数据包含许多个体，截面间的异质性必须充分考虑。近年来，随着动态面板数据模型迅速发展，面板 VAR 模型有效地解决了上述两个问题。

假设 $y_{it} = [y_{it}^1, y_{it}^2 \cdots y_{it}^M]'$，其中包含 M 个内生变量，$i$ 和 t 分别代表国家和年份。VAR（p）模型可表示为以下方程：

$$y_{it}^m = x_{it}'b^m + \eta_i^m + v_t^m + u_{it}^m \tag{7.1}$$

其中，$x_{it} = [y_{it-1}', y_{it-2}', \cdots y_{it-p}']'$ 为 $M \cdot p \times 1$ 向量，并且包含了所有内生变量的滞后项。b^m 为 $M \cdot p \times 1$ 维的系数向量，η_i^m 和 v_t^m 分别表示个体效应和时间效应，u_{it}^m 表示干扰项。假设满足如下条件：

$$E(u_{it}^m \mid \eta_i^m, v_t^m, x_{it}, x_{it-1}, x_{it-2}, \cdots) \tag{7.2}$$

由方程（7.1）可以看出，该模型为包含固定效应的动态面板数据模型，因为该模型既包括了不随时间变化的个体效应 η_i^m，又包含了被解释变量的滞后项。因此，为消除时间效应的影响，我们首先采用"组内均值差分法"，然后运用 Arellano 和 Bover（1995）提出的"前向均值差分法"以消除固定效应，最后采用广义矩估计法（GMM）得到 b^m 的一致估计量。具体步骤如下。

第一步，将方程（7.1）所有变量取平均可得：

$$\bar{y}_{it}^m = \bar{x}_{it}'b^m + \bar{\eta}_i^m + v_t^m + \bar{u}_{it}^m \tag{7.3}$$

其中，$\bar{y}_{it}^m = N^{-1} \sum_{i=1}^N y_{it}^m$。由方程（7.1）、方程（7.2）、方程（7.3）消除时间效应可得：

$$\tilde{y}_{it}^m = \tilde{x}_{it}'b^m + \tilde{\eta}_i^m + \tilde{u}_{it}^m \tag{7.4}$$

其中，$\tilde{y}_{it}^m = y_{it}^m - \bar{y}_{it}^m$，其他变量的定义与之类似。

第二步，运用"前向均值差分法"消除方程（7.4）中的个体效应 η_i^m。"前向"指的是将各变量的"未来值"取平均，也就是说将某个具体的观察值由 $t+1$ 期一直加到 T 期，然后再取平均。例如：$\hat{y}_{it}^m = (T-t)^{-1} \sum_{q=t+1}^T \tilde{y}_{iq}^m$

按此方法处理后方程（7.4）可变为：

$$\hat{y}_{it}^m = \hat{x}_{it}' b^m + \tilde{\eta}_i^m + \hat{u}_{it}^m \tag{7.5}$$

紧接着由方程（7.4）、方程（7.5）可得：

$$\breve{y}_{it}^m = \breve{x}_{it}' b^m + \breve{u}_{it}^m \tag{7.6}$$

运用"前向均值差分法"消除个体效应的好处主要表现在，若方程
(7.1) 的干扰项不存在非均齐次变异，那么上述的变换仍然保留此种性质，
而且还不会引入序列相关①。值得一提的是，上述变换保留了所有工具变量，
其原因是所有 x_{it} 的当前值和滞后值仍与变换后的干扰项 u_{it}^m 不相关，即有：

$$E(x_{it-s}', \breve{u}_{it}^m) = 0 , \ \forall s > 0 \tag{7.7}$$

为了避免存在小样本偏误的问题，本文参考 Gilchrist 和 Himmelberg
（1995）的做法，将 x_{it} 的当前值视为工具变量，并令 $z_{it} = x_{it}$，z_{it} 代表工具
变量。然后将所有 M 个等式的矩条件进行合并，此时可使用 GMM 估计的
矩条件 $E(u_{it} \otimes z_{it}) = 0$，其中 $u_{it} = [u_{it}^1 u_{it}^2, u_{it}^M]'$。

第三步，把 VAR 模型中第 m 个方程中 y_{it}^m 的所有观测值进行累叠，可
得向量 $\breve{y}^m = [\breve{y}_{11}^m, \breve{y}_{12}^m, \cdots, \breve{y}_{NT}^M]'$。同理可将 z_{it}'，x_{it}' 及 $\breve{u}_{it}^m$ 进行累叠，并分别表
示为 $\breve{Z}$、$\breve{X}$ 以及 $\breve{u}^m$。因此，（7.6）式可表示为如下形式：

$$\breve{y}^m = \breve{X} b^m + \breve{u}^m \tag{7.8}$$

第四步，将所有 M 个等式的观察值累叠，由此可得一个 $(M \cdot N \cdot T) \times$
1 维向量 $Y = [\breve{y}^1, \breve{y}^2, \cdots, \breve{y}^M]'$。与此同时，定义 $X = I_M \otimes \breve{X}$，$Z = I_M \otimes \breve{Z}$
及 $W = (Z'Z)^{-1}$。其中，I_M 表示的是 $M \times M$ 维单位矩阵。因此，VAR（p）
模型的系数向量的 GMM 估计量为：

$$\hat{b}_{GMM} = (X'ZWZ'X)^{-1} X'ZWZ'Y \tag{7.9}$$

二、滞后阶数的选择

在运用面板 VAR 模型进行估计之前，我们首先必须确定面板 VAR 模

---

① 假设采用"一阶差分"或者"组内均值差分"方法来消除个体效应，那么在干扰项 u_{it}^m 中
就会引入序列相关问题。

型的滞后阶数。目前，选择滞后阶数常用的判断准则主要有以下三种：

（1）Akaike 信息准则（Akaike's Information Criterion，AIC），AIC 信息准则的表达式如下：

$$AIC = \left[M \cdot \ln(2\pi) + M + \ln | \hat{V} | \right] + \frac{2k}{N^*} \qquad (7.10)$$

（2）Baysian 信息准则（Baysian Information Criterion，BIC），BIC 信息准则的表达式如下：

$$BIC = \left[M \cdot \ln(2\pi) + M + \ln | \hat{V} | \right] + \frac{\ln(N^*) \cdot k}{N^*} \qquad (7.11)$$

（3）Hannan 和 Quinn 信息准则（Hannan and Quinn Information Criterion，HQIC），HQIC 信息准则的表达式如下：

$$HQIC = \left[M \cdot \ln(2\pi) + M + \ln | \hat{V} | \right] + \frac{2\ln[\ln(N^*)] \cdot k}{N^*} \qquad (7.12)$$

其中，$N^* = N(T - p)$ 表示模型中有效样本的个数，k 代表模型中参数的个数。上述三个信息准则的基本思想是在模型的参数个数和模型的残差平方和（$\ln|\hat{V}|$）之间进行权衡，最终判断模型拟合程度的依据是看两者之间的加权平方和。由于常数项 $M \cdot \ln(2\pi) + M$ 与模型的拟合程度及参数的个数均无关系，Lütkepohl（1993）主张将 AIC、BIC 及 HQIC 公式中的常数项予以删除，所以三个公式可修改为如下形式：

$$AIC(p) = \ln | \hat{V} | + \frac{2pM^2}{N^*} \qquad (7.13)$$

$$BIC(p) = \ln | \hat{V} | + \frac{\ln(N^*) \cdot pM^2}{N^*} \qquad (7.14)$$

$$HQIC(p) = \ln | \hat{V} | + \frac{2\ln[\ln(N^*)] \cdot pM^2}{N^*} \qquad (7.15)$$

在确定 PVAR（面板向量自回归）模型的滞后阶数时通常需要借助主观经验的判断，因为依据上述三种信息准则得到的结果有时并不一致。Lütkepohl（1993）给出的建议是：根据 AIC 准则选择的滞后阶数通常偏高，相较而言，BIC 和 HQIC 信息准则可能会优于 AIC 准则，因为当样本趋于无穷大时，根据 BIC 和 HQIC 准则最终能选出合适的滞后阶数。

第二节　实证模型构建与变量说明

一、模型滞后阶数的选择

本节尝试用面板 VAR 模型来分析政府债务与经济增长之间的因果关系。在设定计量模型之前，我们首先必须确定解释变量滞后项的阶数。因此，接下来我们分别根据一系列信息准则 AIC、BIC 及 HQIC 值最小的原则来选择最优的滞后阶数。

表 7 – 1　面板 VAR 模型最优滞后期的选择

滞后期	AIC	BIC	HQIC
1	23.683	24.645	24.033
2	23.547*	24.610*	23.935*
3	23.884	25.051	24.311
4	24.327	25.603	24.796

由表 7 – 1 可以看出，当滞后期为 2 时，AIC、BIC 及 HQIC 的值均最小。因此，我们选择最优的滞后阶数为 2。

二、模型的设定及变量说明

确定最优滞后项后，我们基于 Love 和 Zicchino（2006）、程希和舒艳（2014）的研究将模型设定为以下形式：

$$\begin{pmatrix} debt_{i,t} \\ gcapital_{i,t} \\ growth5_{i,t} \\ rir_{i,t} \end{pmatrix} = \alpha_i + \beta \begin{pmatrix} debt_{i,t-1} \\ gcapital_{i,t-1} \\ growth5_{i,t-1} \\ rir_{i,t-1} \end{pmatrix} + \gamma \begin{pmatrix} debt_{i,t-2} \\ gcapital_{i,t-2} \\ growth5_{i,t-2} \\ rir_{i,t-2} \end{pmatrix} + \begin{pmatrix} \varepsilon_{1t} \\ \varepsilon_{2t} \\ \varepsilon_{3t} \end{pmatrix}$$

其中，$debt_{i,t}$ 表示国家 i 在 t 期总体政府债务规模与 GDP 之比，$gcapital_{i,t}$ 代表国家 i 在 t 期的固定资本形成总额与 GDP 之比。$growth5$ 表示国家 i 在未来五年期的人均 GDP 增长率，为减少经济波动对模型估计的影响，我们用国家 i 在未来五年期人均 GDP 增长率来代表该国在 t 期的经济增长率。$rir_{i,t}$ 表示国家 i 在 t 期的实际利率。α_i 表示国家 i 的固定效应，系数矩阵 β 与 γ 分别衡量变量 $debt_{i,t}$、$gcapital_{i,t}$、$growth5_{i,t}$、$rir_{i,t}$ 滞后一期和滞后二期对它们自身的影响。ε_{1t}、ε_{2t}、ε_{3t} 分别表示三个等式的残差项。本节采用 Cholesky 分解，并按政府债务、固定资产投资总额、经济增长及实际利率的先后顺序进行排列。

三、面板分类与描述性分析

本节探讨政府债务与经济增长之间的双向因果关系，然后在此基础上比较不同收入水平国家经济增长对政府债务冲击响应的差异。为了达到这一目标，我们不仅考察了总体样本政府债务与经济增长之间的相互关系，而且还按人均实际 GDP 标准①将总体样本划分为高收入国家和低收入国家两类样本，并分别对其进行研究，主要变量的描述性统计特征如表 7 - 2 所示。

表 7 - 2　主要变量的描述性统计

样本类型	总体样本		高收入国家		低收入国家	
变量名	均值	标准差	均值	标准差	均值	标准差
debt	48.71	31.15	50.05	29.78	47.35	32.43
gcapital	21.78	5.35	22.40	4.60	21.07	6.01
growth5	1.80	1.92	1.80	1.78	1.81	2.06
rir	5.31	12.11	4.57	8.40	6.04	14.84

通过比较表 7 - 2 分类样本描述性统计结果，我们可以发现，高收入国家平均债务水平要高于低收入国家，但是低收入国家经济增长率的均值与标准差均大于高收入国家。此外，低收入国家固定资本形成总额的规模低于高收入国家，但是低收入国家实际利率的平均水平及波动程度要大于高收入国家。

---

① 首先计算全样本人均实际 GDP 的中位数，然后将样本期间人均实际 GDP 的均值高于中位数的国家划分为高收入国家，低于中位数的国家则划分为低收入国家。

四、实证结果分析

（一）面板格兰杰因果关系检验

1. 从政府债务到经济增长的面板格兰杰因果关系检验

我们对总体样本在从政府债务到经济增长方向上进行面板格兰杰因果关系检验，结果如表7－3所示。

表7－3　从政府债务到经济增长的面板格兰杰因果关系检验

方程式	排除	Chi2	自由度	P 值
h_growth5	h_govdebt	11.928	2	0.003
h_growth5	h_gcapital	33.964	2	0.000
h_growth5	h_rir	2.0545	2	0.358
h_growth5	所有	50.175	6	0.000
h_govdebt	h_growth5	8.7407	2	0.013
h_govdebt	h_gcapital	5.2426	2	0.073
h_govdebt	h_rir	1.3842	2	0.501
h_govdebt	所有	21.093	6	0.002
h_gcapital	h_growth5	10.779	2	0.005
h_gcapital	h_govdebt	3.2032	2	0.202
h_gcapital	h_rir	2.5941	2	0.273
h_gcapital	所有	23.249	6	0.001
h_rir	h_growth5	1.9006	2	0.387
h_rir	h_govdebt	2.1531	2	0.341
h_rir	h_gcapital	3.2634	2	0.196
h_rir	所有	3.7931	6	0.705

注：经过 Wald 检验，Chi2（2）＝11.93，Prob＞chi2＝0.0026。

2. 从经济增长到政府债务的格兰杰因果关系检验

我们考察总体样本从经济增长到政府债务的格兰杰因果关系检验，检验结果如表7－4所示。

表7-4 从经济增长到政府债务的格兰杰因果关系检验

方程式	排除	Chi2	自由度	P 值
h_govdebt	h_growth5	8.7407	2	0.013
h_govdebt	h_gcapital	5.2426	2	0.073
h_govdebt	h_rir	1.3842	2	0.501
h_govdebt	所有	21.093	6	0.002
h_growth5	h_govdebt	11.928	2	0.000
h_growth5	h_gcapital	33.964	2	0.000
h_growth5	h_rir	2.0545	2	0.358
h_growth5	所有	50.175	6	0.000
h_gcapital	h_govdebt	3.2032	2	0.202
h_gcapital	h_growth5	10.779	2	0.005
h_gcapital	h_rir	2.5941	2	0.273
h_gcapital	所有	23.249	6	0.001
h_rir	h_govdebt	2.1531	2	0.341
h_rir	h_growth5	1.9006	2	0.387
h_rir	h_gcapital	3.2634	2	0.196
h_rir	所有	3.7931	6	0.705

注：经过 Wald 检验，Chi2（2）=8.74，Prob > chi2 =0.0126。

3. 小结

到底是政府债务影响经济增长还是经济增长影响政府债务，抑或两者互为因果？本节运用面板格兰杰因果关系检验方法分别验证总体样本、高收入国家和低收入国家分类样本政府债务与经济增长之间可能存在的因果关系。

表7-5 分别描述了总体样本、高收入国家和低收入国家分类样本的面板格兰杰因果关系检验结果。为检验政府债务与经济增长之间的相互作用，我们运用了标准的面板格兰杰因果关系检验方法，主要检验系数的联合显著性（即所有系数联合是否等于零）。由表7-5 总体样本的面板格兰杰因果关系检验可知，无论是从政府债务到经济增长还是从经济增长到政

府债务，Wald 检验的结果显示，总体样本的联合显著性在5%显著性水平
上异于零，这表明对于总体样本而言，政府债务与经济增长之间存在双向
因果关系。对分类样本而言，无论是从政府债务到经济增长还是从经济增
长到政府债务的方向来看，高收入国家和低收入国家 Wald 检验结果均表
明系数的联合显著性异于零，这也充分说明高收入国家、低收入国家政府
债务与经济增长之间存在双向因果关系。综上所述，对于总体样本、高收
入国家和低收入国家分类样本而言，政府债务与经济增长之间均存在双向
因果关系。

表 7 – 5　三类样本的面板格兰杰因果关系检验

方向	从政府债务到经济增长			从经济增长到政府债务		
样本类型	总体	高收入国家	低收入国家	总体	高收入国家	低收入国家
Wald 检验	Chi2(2) = 11.93 ***	Chi2(2) = 6.21 **	Chi2(2) = 14.16 ***	Chi2(2) = 8.74 **	Chi2(2) = 25.03 ***	Chi2(2) = 6.28 **
国家数	97	48	49	97	48	49
观测值	2235	1270	965	2235	1270	965
AIC	23.55	20.55	22.62	23.55	20.55	22.62
BIC	24.62	22.25	24.74	24.62	22.25	24.74
HQIC	23.94	21.19	23.43	23.94	21.19	23.43

注：***、**、*分别表示1%、5%及10%的显著性水平。

(二) 脉冲响应函数分析

1. 总体样本的脉冲响应分析

为了研究政府债务与经济增长之间的动态关系，本部分运用蒙特
卡罗模拟方法模拟1000次得到脉冲响应函数的标准差和95%的置信区
间。图7 – 1显示了总体样本政府债务（debt）、固定资产投资总额
（gcapital）、经济增长率（growth5）及实际利率（rir）的脉冲响应函
数。其中，横轴表示期数，纵轴表示变量受到一个标准差的冲击后的
脉冲响应程度。

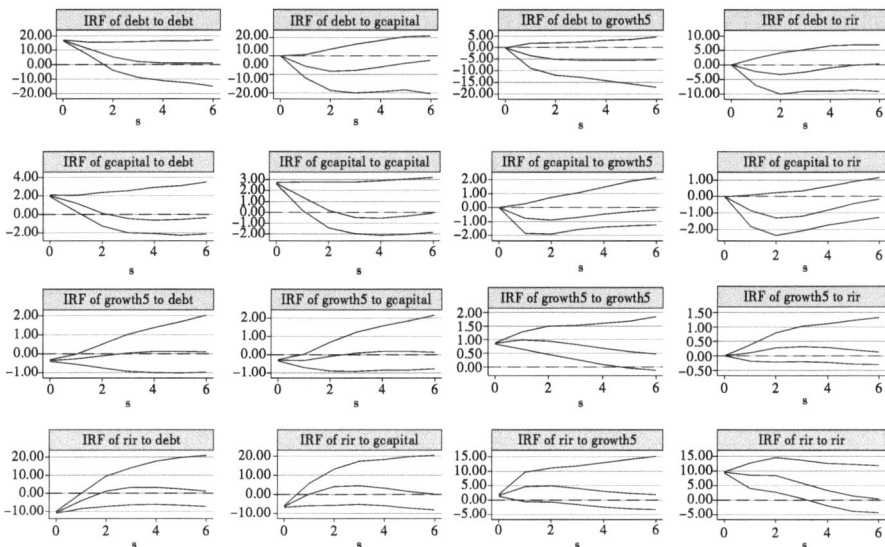

图 7 – 1　总体样本四个变量（debt、gcapital、growth5、rir）的脉冲响应

图 7 – 1 显示了总体样本四个变量的脉冲响应结果。首先，我们考察经济增长（growth5）对政府债务（debt）冲击的响应路径。由图 7 – 1 可知，政府债务（debt）一个标准差的正冲击在初期使得经济增长率缓慢上升，负效应逐步减少，到了第三期转为正效应，一直到第六期政府债务冲击对经济增长的正效应趋于零。其次，从政府债务对经济增长冲击的响应路径来看，经济增长一个标准的正冲击使得政府债务水平逐步下降，到了第三期，经济增长对政府债务的负效应趋于平稳。这些充分说明，一方面总体样本政府债务的变化对经济增长具有短期效应，且这种短期效应具有较大的波动性（负效应在短期内转为正效应）；另一方面经济增长对政府债务的负效应具有长期性，经济增长在长期有利于削减政府债务水平。

2. 分类样本的脉冲响应分析

（1）高收入国家脉冲响应分析

图 7 – 2 显示了高收入国家 debt、gcapital、growth5 及 rir 的脉冲响应路径。首先，我们考察高收入国家经济增长对政府债务冲击的响应程度。由图 7 – 2 可知，政府债务一个标准的正冲击使得经济增长率缓慢上升，在第

四期，这种正效应达到最高点（0.30），随后逐步趋于下降。其次，我们考察高收入国家政府债务对经济增长的脉冲响应路径。由图 7 - 2 可知，经济增长一个标准差的正冲击使得政府债务水平急剧下降，直到第五期，这种负效应才逐步趋于平稳，但负效应并没有转化为正效应。

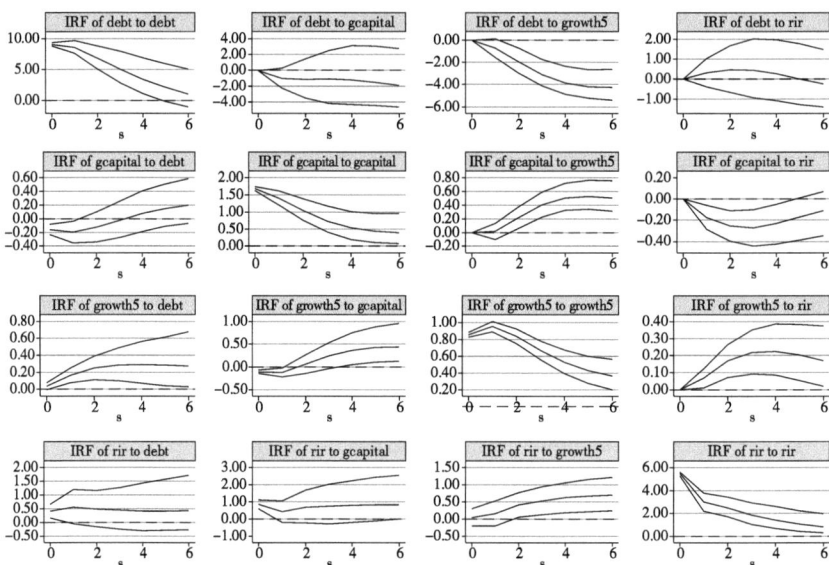

图 7 - 2　高收入国家四个变量（debt、gcapital、growth5、rir）的脉冲响应

（2）低收入国家脉冲响应分析

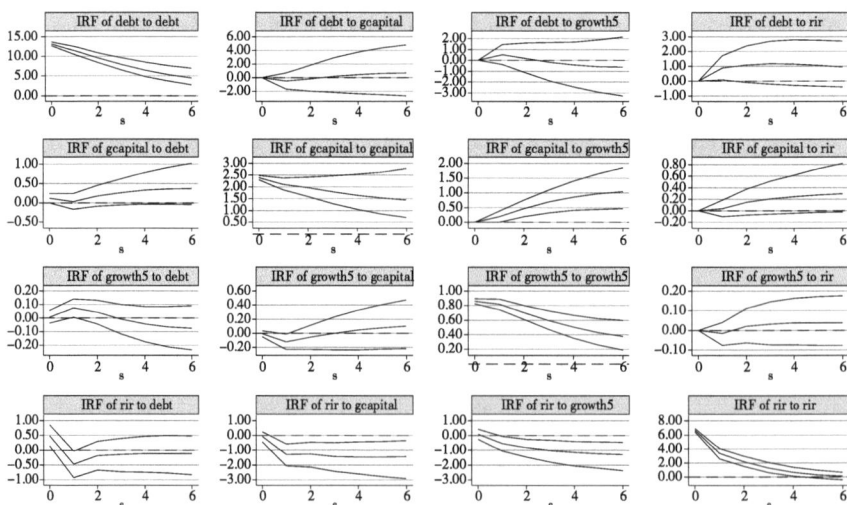

图 7 - 3　低收入国家四个变量（debt、gcapital、growth5、rir）的脉冲响应

图 7 - 3 显示了低收入国家 debt、gcapital、growth5 及 rir 四个变量的脉冲响应路径。一方面，我们分析经济增长对政府债务冲击的响应路径。从 growth5 对 debt 的响应路径来看，政府债务初期一个标准差的正向冲击将会使得经济增长率缓慢上升，并在第一期达到最大值（0.1），随后这种正向效应逐步下降，到第三期正向效应转为负向效应，这说明低收入国家政府债务对经济增长的短期效应为正但是长期效应为负。进一步比较低收入国家和高收入国家政府债务的短期效应可以发现，尽管低收入国家和高收入国家在短期内增加政府债务有利于推动经济增长，但是低收入国家政府债务对经济增长正向影响的时效比高收入国家短，因为低收入国家政府债务对经济增长的正向效应在第一期就达到最高点，而高收入国家在第四期才达到极值点。政府债务对经济增长的正向效应在高收入国家和低收入国家存在时效差异，这也从另外一个角度充分说明低收入国家对政府债务的承受能力要明显低于高收入国家。另一方面，我们分析政府债务对经济增长冲击的响应路径。从 debt 对 growth5 的响应路径来看，经济增长初期一个标准差的正冲击会使得债务水平先上升并在第一期达到最大值，随后逐步下降，到了第三期正效应转为负效应，此后负效应持续较长时期，这些充分说明在低收入国家长期经济增长对政府债务的影响为负。

（3）低收入国家与高收入国家差分的脉冲响应分析

为了比较高收入国家与低收入国家脉冲响应的差异和验证两类样本各自脉冲响应结果的稳健性，本部分先将低收入国家样本与高收入国家样本进行差分，在此基础上对差分后的四个变量进行脉冲响应分析（如图 7 - 4 所示）。首先，我们分析经济增长对政府债务冲击的响应路径。由图 7 - 4 可知，经济增长对政府债务冲击响应路径 95％置信区间的上下界均在 0 值线（图中的虚线）以下，这说明差分后经济增长对政府债务的脉冲响应在统计上是显著的。同样，政府债务对经济增长冲击响应路径 95％置信区间的上下界均在 0 值线以上，同理可以得出结论：低－高收入国家差分后政府债务对经济增长的响应在统计上是显著的。因此，我们可以认为，高收入国家和低收入国家政府债务与经济增长之间相互动态冲击的响应路径存在显著差异。

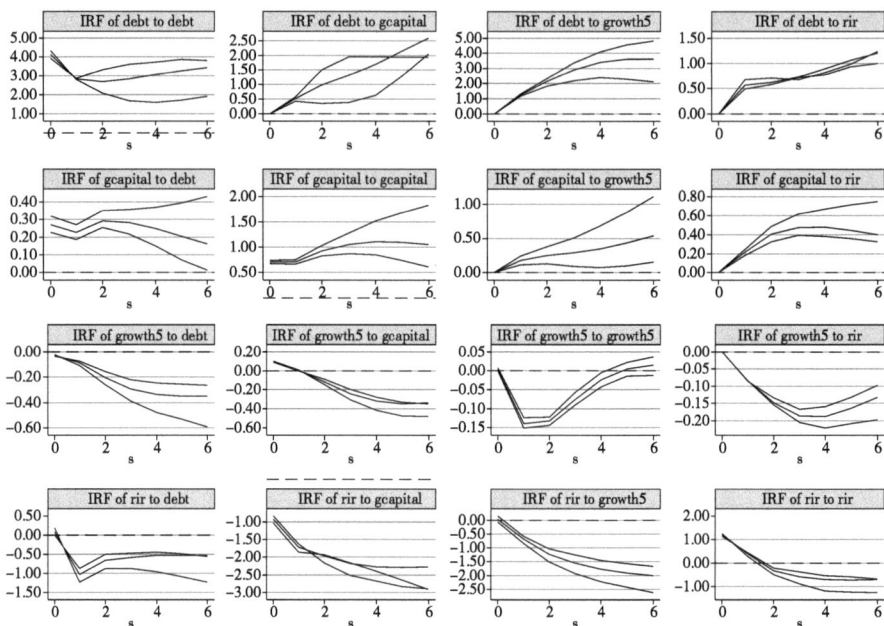

图 7-4　低—高收入国家差分后四个变量（debt、gcapital、growth5、rir）的脉冲响应

（三）方差分解

为了考察经济增长率的变动在多大程度上是由政府债务的变化引起或者政府债务的变动有多少是由经济增长率所引致，我们分别选择 10 个和 20 个预测期对 PVAR（2）的各个变量进行方差分解。尽管选择了不同的预测期，但是方差分解结果并没有发生显著的变化。因此，我们仅列出了 10 个预测期的方差分解结果（如表 7-6 所示）。

表 7 – 6　方差分解结果

单位:%

被解释变量		解释变量			
		debt	gcapital	growth5	rir
总体样本	debt	48.7	24.2	24.6	2.5
	gcapital	28.3	42.1	9.5	20.1
	growth5	4.8	5.7	83.3	6.2
	rir	25.5	14.8	14.2	45.5
高收入国家	debt	63.7	7.7	28.1	0.4
	gcapital	3.3	78.2	15.7	2.8
	growth5	10.9	18.9	65.9	4.3
	rir	3.1	9.1	5.0	82.8
低收入国家	debt	96.7	0.5	1.4	1.4
	gcapital	2.2	77.5	18.8	1.5
	growth5	1.1	2.5	96.1	0.3
	rir	0.7	18.6	12.9	67.8

表 7 – 6 分别给出了总体样本、高收入国家及低收入国家四个变量的方差分解结果。根据表 7 – 6 的结果我们可以发现，经济增长率的变动主要是由自身各期的波动引起，总体样本、高收入国家及低收入国家经济增长率的变动能由自身经济增长率的变化解释所占的比重分别为 83.3%、65.9%及 96.1%。进一步，经济增长率的变动因政府债务变化引起所占比重分别为 4.8%、10.9%及 1.1%。可以发现，高收入国家政府债务变化对经济增长变动解释所占比重要高于低收入国家。同时，我们考察政府债务的变化情况，经过对比可以发现，高收入国家经济增长率变化对政府债务变动解释所占比重（28.1%）远高于低收入国家（1.4%）。

第三节　本章小结

政府债务和经济增长到底孰为因、孰为果，抑或互为因果？为深入分析二者"究竟谁决定谁"这一问题，本章基于 97 个国家 1980—2014 年的面板数据，运用面板 VAR 方法对政府债务与经济增长二者之间的因果关系进行了研究，得到的结论主要有以下三点。

第一，通过面板格兰杰因果关系检验，我们发现无论是对于总体样本，还是高、低收入国家两个分类样本而言，政府债务与经济增长二者之间均存在双向因果关系。一方面，从政府债务到经济增长的单向关系来看，政府债务是经济增长的格兰杰原因，政府债务的变动会影响经济增长。另一方面，从经济增长到政府债务的单向关系来看，经济增长也会对政府债务变动产生影响。因此，双向因果关系的结果意味着，在考察政府债务与经济增长二者之间的关系时，如果忽视了两者间的联立关系而引起的内生性，那么有可能会高估政府债务对经济增长的影响。

第二，借助分类样本的脉冲响应函数，我们进一步分析政府债务与经济增长之间相互的动态冲击效果可以发现，无论对高收入国家还是低收入国家来说，给经济增长率一个标准差的正债务冲击，初期经济增长率均上升，紧接着到达顶点后呈下降趋势。但是通过进一步对比可以发现，低收入国家经济增长率的上升在短期内达到最高点后迅速反转，正效应转变为负效应，高收入国家经济增长率在经历更长的一段上升期后才逐步递减，而且正效应并没有在短期内出现反转。这些充分表明，高收入国家政府债务对经济增长的正向推动作用更持久，而且高收入国家政府对债务的承受能力要明显高于低收入国家。此外，通过考察政府债务对经济增长冲击的脉冲响应路径可以发现，在较长的期限内，高收入国家和低收入国家政府债务规模在经济增长的冲击下呈现递减趋势，经济增长有利于削减高、低收入国家总体债务水平。

第三，分类的方差分解结果表明，在高收入国家，不仅政府债务对经济增长波动的解释力要高于低收入国家，而且经济增长对政府债务变动的解释力同样要大于低收入国家，这说明高收入国家更应充分重视政府债务管理和债务风险防范。

上述研究结论对我们认识政府债务与经济增长的相互关系及防范债务风险具有重要的指导意义，具有的政策启示主要有以下三点：第一，2008 年国际金融危机后，适度增加政府债务规模仍有利于推动高收入国家和低收入国家经济增长，而且经济增长在较长期限内也有利于削减政府债务水平。因此在经济增速放缓和债务积压的情形下，不能片面强调财政重组和削减债务规模以规避可能发生的债务风险，而是应该继续实施适度积极的财政政策以刺激经济增长。第二，高、低收入国家短期增加政府债务有利于推动经济增长，但过一段时期后这种正效应均呈下降趋势，尤其是低收入国家在短期内出现迅速反转现象。这说明高收入国家和低收入国家政府债务对经济增长的影响均存在"阈值"效应，因此政府不能无限期依赖"强刺激"来促进经济增长，而应该将总体债务规模控制在合理的阈值区间。第三，低收入国家经济增长对政府债务冲击的响应在短期内出现迅速反转，而且因其金融发展水平低和经济抗击外部风险能力低而导致对债务的承受能力明显弱于高收入国家，所以低收入国家一方面应逐步推进利率市场化、不断改善投融资环境；另一方面应加大人力资本和科研投入，助推产业转型升级，从而提高自身经济发展的自主性。

第八章　政府债务削减的政策选择

2008 年国际金融危机爆发后，世界大多数国家经济增速放缓，私人部门去杠杆的力度较小，但是公共部门资产负债表扩张力度较大。Reinhart 和 Rogoff（2010a，b）研究发现，政府债务对经济增长的影响存在非线性效应，当政府债务规模与 GDP 之比低于 90% 时，政府债务与经济增长的关系并不明显；但是当政府债务规模与 GDP 之比高于 90% 时，政府债务增加对经济增长的影响为负。由此可见，政府债务不可能无限期累积，当积压到一定程度时，必然会对经济增长产生不利影响。因此，从中长期来看，为保持经济的可持续增长，政府部门必须考虑采取一些相应的宏观经济政策来削减累积的政府债务。

第一节　债务削减的文献回顾

政府债务高企已成为困扰不少经济体可持续发展的重要因素。如何削减政府债务水平以促进经济增长已成为宏观经济学者研究的又一重要命题。目前，有不少学者对政府债务削减的政策选择做了大量的研究，主要集中在以下几个方面。

一、债务削减有效论

Reinhart 和 Rogoff（2015）将债务削减政策分为两大类：一类是官方正统的债务削减政策，主要包括促进经济增长、保持基本预算盈余以及出售政府资产；另一类是非正统的债务削减政策，主要包括重组债务合约、实施非预期的通货膨胀、征收财富税以及实施金融抑制政策以限制私人部门融资。在分类的基础上，他们还运用 22 个发达国家 1800—2014 年的样本数据检验长期债务削减的效果，研究发现，发达国家主要是依赖非正统的债务削减政策。最后，他们强调，政府削减债务的选择有很多种，紧缩预算并不是唯一的选择，所以政策制定者要意识到可以选择正统和非正统的政策来削减债务。还有一些研究支持所谓的"紧缩"。Reinhart 和 Rogoff（2010）基于 44 个国家、样本区间达两个世纪的面板数据得出结论，当负债比率低于 90% 时，政府债务与实际 GDP 增长之间的关系比较微弱；当负债比率高于 90% 时，中位数增长率下降 1%，平均增长率下降更多。Kumar 和 Woo（2010）认为当负债比率高于 90% 时，增加政府债务对经济增长的影响为负。Baum 等（2013）的研究也支持财政紧缩。此外，众多实证文献表明，提高税收或降低支出总体上而言是扩张性的政策，特别是当财政紧缩更多依赖于削减支出而不是提高税收时。一大批学者对这一谜团进行了解释。Giavazzi 和 Pagano（1990，1995）基于案例研究和私人消费对政府收益与支出进行回归分析得出，OECD 经济体政府收益通常在一年内财政紧缩时做出反应。Blanchard（1990）认为政府支出减少了其对私人投资的"挤出效应"，结果是私人部门的投资带动经济增长。此外，他还认为财政紧缩提升了消费者信心，降低了借贷成本和本币币值。例如，适度的税收增加避免了后来税收过快增加或未来大幅度减税预期。因此，财政紧缩提高了消费者可支配收入的预期，增加了消费和投资。Alesina 和 Perotti（1995）基于案例研究得出，财政紧缩有时与产出快速增长有关，特别是当财政紧缩主要体现在政府支出削减而不是税收增长方面。Alesina 等（2006）基于更多样本国家和更长的年份再次证实了上述研究结论。Perotti（2012）对 Alesina 的研究方法提出了批评，并指出 Alesina 使用的一些财政紧缩指标尽管政府已经提出但并没有实施。Ostry 等（2015）提出，当财政空间充足时，政府应该忍受"高债务"，不需要立即削减政府债务，而要通过长期经济增长来降低负债比率。

二、债务削减无效论

Delong 和 Summers（2012）指出，对于一个萧条的经济体而言，财政紧缩不利于经济增长，而且因萧条期财政乘数大而导致税收收入下降，结果导致更大的财政赤字，所以更为有效的方式是危机发生后对巨额赤字缓慢紧缩，并将债务资金用于教育与基础设施投资以提升生产效率。Nuti（2014）研究表明，如果财政乘数大于公共债务规模与 GDP 之比的倒数（即 GDP/Debt），那么财政紧缩不仅不能降低公共债务规模与 GDP 之比，反而提高了负债比率；只有在债务负担极低的国家，财政紧缩才能降低公共债务规模与 GDP 之比。而且他们还发现，潜在收入增长率与有效收入增长率的巨大差距降低了投资，从而减缓了潜在增长率和实际增长率。2010 年 10 月，IMF 发布的《世界经济展望》（World Economic Outlook，WEO）指出，短期财政紧缩会降低产出和提高失业率；但是在长期，利率下降，货币贬值，进出口增加可以缓解财政紧缩的负面效应却不能完全抵消。2011 年 9 月，IMF 发布的《财政监测报告》（Fiscal Monitor）指出，短期财政紧缩将会通过对经济增长产生负面影响而加剧市场紧张，并不能缓解市场紧张情绪。Guajardo 等（2011）考察了 OECD 国家短期财政紧缩对经济活动的影响，研究发现财政紧缩对私人的国内需求和 GDP 有不利影响；而且进一步比较发现，用周期性调节的基础盈余变化来衡量财政收支的传统方法倾向于支持扩张性的财政紧缩，但是其结果却是有偏的且倾向于高估扩张效应。Batini 等（2012）考虑了经济繁荣期和衰退期财政乘数的差异，运用体制 – 转换向量自回归模型估计了财政调整对美国、欧洲及日本的影响。而且他们还估算了衰退发生的事前概率与不同规模、不同类型财政整顿冲击（政府支出减少相对于税收增加）的相关性。研究发现，平滑和渐近的财政整顿更优于前期或进取型整顿，特别是处于衰退期的经济体更面临着较大的风险溢价，因为有保证的增长是财政重组成功的关键。

三、不存在债务"阈值"

自 Reinhart 和 Rogoff（2010）提出债务"阈值"论后，后续学者对其研究结论提出了质疑。Irons 和 Bivens（2010）认为 Reinhart 和 Rogoff（2010）的研究颠倒了政府债务与经济增长二者之间的因果关系，因为是低增长导致了负债比率上升而不是相反。Herndon 等（2014）运用 Reinhart 和 Rogoff（2010）的原始数据重新进行了分析，结果发现除了一个编码错误外，第二次世界大战后许多高债务联邦国家如加拿大、新西兰和澳大利亚的数据被有选择性地剔除了。Reinhart 和 Rogoff（2013）承认了他们的计算错误而且忽略了一些数据，但是并不会改变最终要求紧缩的结论，债务积累过多将会阻碍经济增长。

第二节 世界主要经济体的政府债务现状

一、负债水平急剧上升

从全球范围来看，自 2008 年国际金融危机爆发以来，世界主要经济体的负债水平急剧上升。国际清算银行（BIS）的数据显示（见附录表4），2008 年第一季度，全球 26 个发达国家和 14 个新兴经济体非金融部门的债务总额仅为 120.2 万亿美元，但是到了 2023 年第二个季度末，非金融部门的债务总额高达 227.4 万亿美元。其中，同期一般政府部门的债务总额由 35.9 万亿美元增加到 80.6 万亿美元，上升了 44.7 万亿美元；居民和非营利部门的债务总额由 37.8 万亿美元增加到 57.6 万亿美元，仅增加了 19.8 万亿美元；非金融企业部门的债务总额由 46.6 万亿美元增加到 89.3 万亿美元，上升了 42.7 万亿美元。可以看出，一般政府部门、居民和非营利部门、非金融企业部门这三种不同类型部门的债务均存在不同程度的上升，而且政府部门的债务上升最快。

此外，从各部门负债比率来看（见附录表5），截至2008年3月31日，全球非金融部门的债务总额与GDP之比为216.6%。但是，截至2023年第二季度，全球非金融部门的债务总额占GDP的比重上升至246.6%，总共上升了30个百分点。其中，同期非金融企业部门的负债率由83.9%上升至96.8%，上升了12.9个百分点，但是居民和非营利部门的负债比率由68.1%下滑至62.4%，降低了5.7个百分点；一般政府部门的负债比率由64.7%上升至87.4%，上升了22.7个百分点。很明显，政府部门的负债比率上升最快。

二、政府部门的负债率上升最明显

从政府部门的负债情况来看（见附录表6），与中国、美国、欧元区三个主要经济体相比，日本政府部门负债率最高、加杠杆幅度最大。截至2023年6月30日，日本政府部门负债率高达230.3%，而中国、美国、欧元区政府负债率分别为79.4%、102.3%、87.3%，分别比日本低150.9、128、143个百分点。就政府部门负债率的变化幅度来说，如表8-1所示，从2017年12月底至2023年6月底，为了遏制经济衰退的预势，日本政府部门的负债率由143.5%攀升到230.3%，上升了86.8个百分点，而同期中国、美国、欧元区分别仅上升了50.1、41.7、20.4个百分点。

表8-1 2017年12月底至2023年6月底中、美、日、欧三部门负债率变化幅度

单位:%

部门名称	中国	美国	日本	欧元区
一般政府部门	50.1	41.7	86.8	20.4
非金融企业部门	71.7	6.4	17.4	4.6
居民和非营利部门	43.1	−25.0	7.5	−4.6

数据来源：根据国际清算银行（BIS）数据计算而得。

中国非金融部门债务（见附录表9）增长显著，引起全球范围内的广泛关注。从2007年底至2023年第二季度，中国非金融部门负债率由

142.5%激增到307.5%，总共上升了165个百分点，而美国、日本、欧元区分别仅上升了23.1、111.7、20.4个百分点。尽管在2008年国际金融危机发生之前，中国就已经开始预警高杠杆问题，例如从2006年第一季度到2008年金融危机爆发之时，中国非金融部门债务总额与GDP之比由143.4%下降至139.7%，但是在2008年国际金融危机发生后，受全球加杠杆的影响，中国的债务增长速度越来越快。从非金融企业部门具体负债情况来看（见附录表7），与美国、日本、欧元区三个经济体相比，中国非金融企业的负债率最高。截至2023年6月底，中国企业负债率高达166.0%，而美国、日本、欧元区分别仅为76.5%、116.2%、97.0%，前者比后者分别高出89.5、49.8、69个百分点。从非金融企业负债率变化幅度来说，从2017年12月底至2023年6月底，中国非金融企业负债率由94.3%跃升至166.0%，上升了71.7个百分点，但是美国、日本、欧元区分别仅上升了6.4、17.4、4.6个百分点。

从居民和非营利部门负债情况来看（见附录表8），与中国、日本、欧元区三个经济体相比，美国居民和非营利部门负债率最高，日本次之。截至2023年6月底，美国居民和非营利部门负债率达73.7%，而中国、日本、欧元区分别为62.0%、67.5%、55.2%，前者比后者分别高出11.7、6.2、18.5个百分点。从居民和非营利部门负债率变化幅度来看，在2017年底至2023年6月底这个时间段，中国居民和非营利部门负债率上升最快，上升了43.1个百分点，日本次之，上升了7.5个百分点，而美国、欧元区居民和非营利部门负债率分别下降了25、4.6个百分点，这说明美国居民和非营利部门去杠杆效果比较显著，同时也从侧面反映出美国、欧元区消费动力有所不足。

由以上分析可以得出，在2008年国际金融危机爆发后，全球范围内主要经济体的债务水平均有不同程度的上升。对于一般政府部门债务、居民和非营利部门债务、非金融企业部门债务三种不同类型的债务而言，一般政府部门的债务增长最为明显。因此，为降低宏观经济风险和促进经济的可持续增长，加强政府债务管理并采取一些有效措施削减政府债务水平已经变得刻不容缓。

实际上，早在二十世纪四十年代，美国财政学家阿伯特（Abbott）就已从总体上对政府债务管理下了一个定义。他认为，政府债务管理就是要选择不同形式的公债和确定不同债务类型所占的比重，做出到期公债的偿还和公债以旧换新的决策，同时确定公债发行的条件和价格、对不同公债持有者的待遇、有关到期公债和新发行公债的政策及其在政府一般财政政策中的地位。

为实现既定的债务管理目标，政府必须采取相应的公债政策。按照公债政策实施着力点的差异，国内学者高培勇（2003）将公债政策划分为三个层次：一是宏观层次的公债政策，即配合财政政策和货币政策而实施的公债政策；二是中观层次的公债政策，即发挥独立政策效应的公债政策；三是微观层次的公债政策，即立足于政府债务本身，确保政府债务活动正常进行，促使公债政策更经济、更高效。基于高培勇（2003）的研究，本章余下部分的研究思路是，先分析政府债务削减的财政政策选择，在此基础上提出为削减政府债务而应采取与财政政策相配合的货币政策，最后分析削减政府债务的其他政策选择。

第三节　债务削减的财政政策选择

在分析债务削减的政策之前，我们必须先了解哪些因素能影响负债比率（Debt/GDP）。毫无疑问，财政重组和 GDP 增长会导致负债比率发生变化，而且财政政策与经济增长之间可能会相互作用共同对政府负债比率产生影响。Abbas 等（2013）将负债比率的变化主要归结为三个基本要素：（1）利率与 GDP 增长率之差；（2）财政收支；（3）存量 – 流量调整（SFAs）。为此，我们基于 Abbas 等（2013）的研究将可能影响负债比率变化的路径梳理如图 8 – 1 所示。

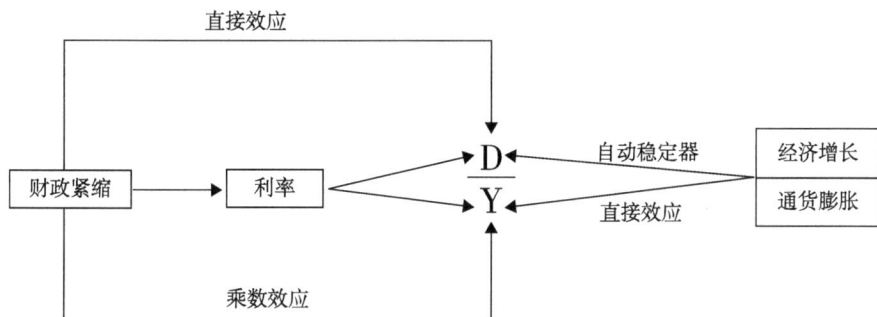

图 8-1　负债比率与经济增长的相互关系

途径一：财政紧缩对债务收支的直接效应。财政紧缩改善了财政收支状况，因此直接降低了政府可借贷额。由于负债比率的"分子"减少，所以政府债务水平也相应下降。

途径二：财政紧缩对经济增长的乘数效应。降低政府支出和提高税率会引起财政支出规模减小，由于乘数效应的存在，那么短期财政支出的减少将会导致产出下降，从而提高了债务规模与 GDP 之比。

途径三：经济增长的自动稳定器。因乘数效应的存在，财政紧缩使得 GDP 减少。GDP 减少则意味着负债比率中的"分母"减少，于是负债比率值增大，这也部分抵消了财政紧缩力求削减债务的实际效果。因此，GDP 的变化还发挥着自动稳定器的功能。从这个角度而言，财政紧缩在短期内反而使债务状况变得更差。Eyraud 和 Weber（2013）研究发现，如果初期债务水平高和财政乘数效应较大时，财政紧缩会使政府的债务状况更加恶化。

途径四：利率效应。财政紧缩直接改善了政府的财政收支状况。健康的财政收支使得投资者对未来的投资前景比较乐观，因而风险溢价和利率也会相应下降。一方面，随着人们对未来预期的改善，政府部门可以重新发行债券以为现有赤字和即将到期的债务融资，因此政府的财政收支也进一步得到改善。另一方面，低利率使得融资成本降低而促使全社会投资增加，消费者因存款收益降低而增加消费，结果 GDP 将会增加而负债比率也随之下降。

途径五：存量－流量调整效应。存量－流量调整效应能影响总体债务水平。导致存量－流量调整效应发生变化的因素主要有三个：政府资产出售、本国货币贬值及银行资本重组。政府在负债初期出售一部分政府资产并将获得的收益用于偿还债务，可以降低政府的还息成本；本国货币贬值，将使得以外币计价的债务负担上升；银行资本重组通常会提高政府债务水平。Abbas 等（2013）认为只要政府资产价值、货币购买力及银行资本状况随着经济增长发生变化，那么经济增长出现疲软时，存量－流量调整往往会增加债务；经济增长强劲时，存量－流量调整会降低债务水平。

财政政策在长期也能影响经济增长。尤其是在确定性的经济环境下，财政政策往往能影响经济的潜在增长。DeLong 和 Summers（2012）认为短期的周期因素与长期的潜在增长紧密相连，所以财政政策的效果必须得经历更长时间才能显现，如长期的失业导致劳动者技能丧失，结果降低了劳动生产率从而对经济的潜在增长产生不利影响。Mauro 等（2015）研究发现，在缺乏相机抉择的政策前提下，潜在增长率的下降反过来会导致财政出现结构性失衡。

2008 年国际金融危机爆发后，部分发达国家的公共债务接近历史最高值。Abbas 等（2013）考察了第二次世界大战后发达国家的公共债务水平，结果发现自"大衰退"后，发达国家债务规模/GDP 的中位数在初期仅为45%，但是到了 2012 年末已上升到 74%。不少发达国家当前总体债务规模占 GDP 之比已超过 90%，政府债务问题已成为制约发达国家经济持续增长的棘手难题。尽管解决债务问题已经刻不容缓，但是在经济增长比较低迷的情形下削减债务规模并非易事。于是，在经济增长乏力的情形下，削减债务负担只能诉诸财政紧缩。但是相关研究结果表明，经济衰退期间，短期大幅度紧缩财政赤字不仅不会降低债务负担，反而会使负债比率上升，严重削弱财政紧缩政策的效果。因此，要削减政府债务负担必须系统分析导致负债比率发生变化的主要因素。由图 8－1 可以看出，财政收支余额、经济增长、通货膨胀、利率等宏观经济变量会使负债比率发生变化。

前面的分析已经表明，财政的乘数效应和自动稳定器功能对负债比率的变化有重要影响，而且在短期内，经济衰退期的财政重组会进一步提升负债比率。因此，为削减债务规模，政府可采取如下的财政政策。

在融资可得的前提下，合理控制财政整顿的力度，既要改善结构性基础财政余额又要保证不损害经济复苏。第一，当一国市场准入受限且风险溢价达到临界值时，一味地放松财政整顿并不合理，而必须通过适度的前期调整（front-loaded adjustment）来确立财政信用。

第二，建立稳固的财政制度安排。为了避免财政信用受到影响，政府部门应承诺在未来调整预算，制定一套可信的财政紧缩政策。为了达到此目标，财政部门还需进一步制定中期的制度安排，如中期的财政框架、财政责任法、财政规则及财政委员会等。2013 年 4 月，IMF 发布的《财政监测报告》指出，财政委员会可以增强中期的财政信用和绩效。例如，欧盟的《财政条约》指出每个欧盟成员国应设立一个独立的机构来监督全国财政政策的实施情况。

第三，调整财政收支结构。发行国债为政府融资提供了某种便利，却也可能使得政府预算有所放松。假如财政扩张超出了政府预算，那么可能会带来两个不良后果：一方面，导致财政资金使用效率低下，甚至可能出现奢靡浪费等现象；另一方面，由于税收等财政收入无法满足财政快速扩张的需要，扩大国债发行规模也就成为政府必然的选择，其结果必然带来巨大的宏观经济风险。因此，为调整财政收支结构，从财政支出角度而言，政府部门首先要严格财政预算，避免因财政超支而引起政府预算的随意性；其次要完善国债资金支出结构，促进民间投资。前面的研究结果已充分表明，如果政府的债务资金大多用于生产性公共投资而不是政府消费，那么增加政府债务对私人投资的挤出效应较小，甚至还能产生巨大的挤入效应，最终促进经济增长。所以，政府债务资金的投向对经济增长的影响至关重要，总体要求是应减少非目的性的社会支出和补贴，而不应大幅度削减生产性支出以避免对经济的潜在增长带来不利影响。从具体投向上来看，政府部门应将债务资金重点投向以下几个领域：一是社会公共基础设施建设领域，如交通、电力、通信、环境保护等领域；二是农业基础领域，如大中型农业基础设施、农田水利、农业科研和技术推广等领域；三是关系国民经济命脉的支柱产业，如电子工业、石化工业、汽车工业以及机械工业等产业；四是高新技术产业，如航空航天、互联网、人工智能、机器人等产业。从财政收入角度而言，政府部门应努力完善税收制度，如劳动者收入税和财产税，同时加强预算外资金管理改革和国库集中收付制改革，强化税收征管，严厉打击偷税漏税逃税等行为，不断规范和提高财政收入。Jaramillo 和 Cottarelli（2012）认为当整体税负比（税收与GDP 之比）较高时，降低缴费率往往能促进经济增长，欧洲大陆国家的税负较高就是这种情形；但是，美国和日本的税负相对较低，因此为解决财政收支失衡问题，两国不仅要降低非生产性支出，而且要降低生产性支出。Jaramillo 和 Cottarelli（2012）进一步指出，当考虑到财政收入结构时，征收消费税和财产税比劳动力收入税对经济的扭曲较小；因此，如果一国面临激烈竞争时，由劳动力收入税转向消费（或财产）税，也就是所谓的"财政贬值"，那么该国就能从"财政贬值"中获益。

第四节　债务削减的货币政策选择

财政政策可以优化经济产业结构，促进经济均衡发展，但不能直接改变社会信用总量，因此在稳定物价和平衡国际收支方面效果不佳；货币政策虽然能直接改变社会信用总量，保持物价稳定和平衡国际收支，但是在促进经济增长和实现充分就业方面略显不足。在现代市场经济条件下，为实现既定的宏观经济政策目标，必须确保财政政策和货币政策实现有机结合。当政府部门倾向去杠杆时，那么货币政策应与之相适应。一般而言，与公共部门去杠杆相协调的货币政策主要有以下几种情形。

一是当财政紧缩开始拖累经济增长尤其是使得产出缺口比较大时，货币当局应该向市场注入充足的流动性以保持政策利率维持在较低水平，但是必须将通货膨胀率控制在预期目标范围内。为提高金融市场的流动性，可通过调整国债发行期限和调整国债应债来源来实现。从调整国债发行期限来看，一般而言，国债的期限越短，其变现能力就越强，其流动性也越高。因此，当政府需要刺激经济时，政府应当扩大短期国债的发行，提高短期国债占国债总额的比重，以增加社会的流动性。从调整国债应债来源来看，当政府需要扩张经济时，政府应尽量面向银行部门发行国债，限制非银行部门认购国债，以此来增加社会流动性。此外，由于流动性不同的国债，通常被特定的投资者持有，如商业银行通常持有短期国债，但是非金融机构、保险机构或投资银行通常持有中长期国债，因此为刺激经济，政府部门应该选择买入长期国债，出售短期国债，以增加商业银行持有国债的比重，同时减少非银行部门持有国债的比重，最终增加社会的流动性。

二是当财政紧缩导致产出下降已成趋势时，那么货币当局就应该进一步降低利率。如果政策利率已经靠近零下限，那么货币当局就应该采取一些非常规的政策。如在特定条件下维持低利率承诺、直接参与信贷和资产市场、注入大量超常规的基础货币。2008 年国际金融危机爆发后，美国果断推出量化宽松的货币政策，以刺激经济增长。从实际效果来看，尽管量化宽松的货币政策对实体经济的复苏作用非常有限，但是它却向金融市场注入了充足的流动性，维持了低利率状态。这不但降低了美国国债再融资的成本和难度，而且也极大地降低了美国支付国债利息的财政负担，从而有利于降低金融危机的影响。反观欧洲，欧债危机爆发初期，欧元区国家采取了与美国不同的政策，并不是以稳定经济和刺激增长为主要目标，而是采取更为直接的财政整顿政策来削减政府债务，结果导致经济增长乏力，债务危机甚至有愈演愈烈的趋势。到最后，欧元区国家还是采取了量化宽松的货币政策，以稳定市场和促进经济增长为目标，各国的经济才逐步出现缓慢复苏的态势。

三是当国内货币政策传导渠道受阻，如信贷渠道传导不畅时，那么货币当局应该健全和完善基础货币的投放机制，确保各类银行能平等地获得流动性。同时，商业银行要建立和实施精准的风险定价机制，积极推进市场化定价，从信贷额度和价格上区别对待不同负债水平的融资企业。

第五节　债务削减的其他政策选择

一、出售政府部门的部分资产

出售政府资产是削减政府债务规模的又一种政策选择。一般而言，政府资产出售可以从两个方面降低负债比率。第一，通常来说，公共部门的生产效率要低于私人部门。因此，资产出售给私人部门将提高经济的总体生产率水平，于是经济的潜在产出将会增加，从而降低了政府债务规模与GDP之比。第二，如果政府通过出售公共部门的资产来偿还一部分债务，那么总体债务存量降低，负债比率也随之下降。

在过去的很长时间里，政府资产私有化被视为削减政府债务的有效策略。从理论上来讲，出售一部分政府资产可以增加财政收入，偿还一部分政府债务以解燃眉之急。但是在实际操作层面，对一些发达国家而言，出售政府资产并非有效之策。其原因主要有三个：第一，在经济增长乏力或衰退期，人们对未来前景比较悲观，政府资产收益下降幅度较大，可能存在难以找到买家或仅有小部分政府资产愿意出售的情形；第二，一些发达国家许多公共部门的资产由地方政府持有，如土地和建筑，这些标的物难以货币化，估值难度较大；第三，一些发达国家虽然中央政府债务高企，但是地方政府的财政状况良好，地方政府负债比率较低，因此一些地方政府出售其资产的意愿并不强烈。

二、非预期的高通胀

从理论上来讲，通货膨胀水平上升有利于削减政府债务。通货膨胀影响政府债务的途径主要有三条：第一，通胀水平上升，物价上涨，人们的收入也随之提升。在累进所得税制下，如果税率没有进行调整，那么政府向民众征收的累进所得税额就会增加，财政收支逐步得到改善，政府债务负担也随之下降。第二，政府通过创造基础货币而获得铸币税收入，占有更多的社会资源，从而改善其财政状况。第三，通胀率上升导致本国货币购买力下降，政府作为债务人用贬值后的货币偿还等量的债务，那么意味着政府的债务已得到"稀释"，债务负担也随之减轻。借助非预期的通货膨胀来削减公共债务是不少国家采用的最重要的方式。

不可否认的是，在短期内滥发货币使得本国货币购买力下降，的确能削减政府的债务负担。但是必须承认的是，依靠高通胀来削减政府债务仍面临诸多风险和挑战。首先，发行货币是以政府的信用作为前提的，如果货币长期持续贬值，物价持续上涨，一旦超出了普通民众所能承受的范围，那么民众将会对货币未来的价值丧失信心，甚至对政府产生不信任感，最终有可能引发社会动荡并带来极大的政治风险。其次，通货膨胀率不可能无限期上涨，当它上升到一定程度时可能会导致资产泡沫破裂，随之而来的将是长时期的经济衰退。二十世纪八十年代末至九十年代初，日本泡沫经济的破裂正说明了这一点。最后，由于通胀预期通常无法锚定，因此一旦通胀上升到损害长期建立的货币信用时，那么民众对长期国债的需求减少，其结果将会严重影响经济的长期增长。因此，维持非预期的高通胀也并非是削减政府债务最有效的方式。

三、以结构改革促进长期经济增长

纪敏等（2017）认为，杠杆本身不是问题，杠杆效率才是关键，笼统地去杠杆或加杠杆都可能有失偏颇。在长期，结构改革能显著降低负债比率和提高经济增长率。因此，为推进结构改革，应减少政府对资源的直接配置，创造公平竞争的市场环境，真正确保让市场在资源配置中发挥决定性作用，由市场去选择由谁加杠杆、谁去杠杆。Barkbu 等（2012）运用

IMF 的全球货币财政模型得出，整合大规模的劳动力、产品市场及养老金改革，将会在五年后使得 GDP 增长 4.25%，届时政府负债比率也会呈现大幅度下降。从这个角度出发，政府部门应努力推进结构改革以助推长期经济增长。为实现上述目标，可采取以下三点措施：一是加快推进经济结构调整，不断优化本国的商品结构和外贸结构，实现供需动态平衡；二是发展先进制造业，支持传统产业转型升级，不断培育新的经济增长点；三是加大人力资本投入，努力推进科技创新，不断提升经济发展的质量和效益。但是结构改革的增长效应会使资本积累变得比较缓慢。同时，短期需求不振，劳动力市场对经济状况反应滞后，结果有可能对长期经济增长产生不利影响。

经过对上述各种债务削减政策的比较分析，我们不难发现产出增长和财政政策是削减政府债务的主要方式。货币政策在债务削减的过程中通常充当财政政策的"配角"，尤其是当利率接近零下限时，其有效性将大打折扣。非预期的通胀因损害政府信用、操作风险大而无法长期运用。出售政府资产在经济衰退期因资产收益下降而在现实中操作性并不强。为削减政府债务，对于金融市场准入条件好的国家而言，政府应逐步紧缩债务并设定强有力的预算机构，制定可信的中期债务削减策略。对于那些金融市场条件差且利率水平高的国家而言，财政紧缩应注重结构调整与规划，如加大对高回报的基础设施项目投资，制定有效的政策来规范劳动力市场，提高劳动力素质。另外，从长远来看，政府应专注结构改革，通过经济的长期增长来削减自身的债务负担。

第九章 主要结论及政策建议

目前，有关政府债务与经济增长关系的研究成果较多，但是研究结论莫衷一是。本书主要研究了政府债务与经济增长的非线性效应和双向因果关系，不仅从理论上论证了政府债务与经济增长二者之间的非线性关系，而且还构建计量模型对二者间的非线性关系和双向因果关系进行了实证检验，得出了若干重要的结论。

第一节 主要结论

本书将理论研究和实证分析紧密结合，并对政府债务与经济增长二者之间的关系做了全面和深入的分析，得出的主要结论如下。

第一，本书从理论层面论证了政府债务对经济增长的影响存在非线性效应。基于世代交叠模型的理论分析得出，当经济增长率高于利率时，政府债务对经济增长的影响为正；当经济增长率低于利率时，政府债务对经济增长的影响为负，由此可以推导出政府债务对经济增长的影响存在非线性效应并且存在可能的债务阈值点。同样，引入生产性公共投资的内生增长框架表明，经济平衡增长率与政府债务也存在非线性关系。

第二，本书从债务规模视角出发对政府债务影响经济增长的非线性效应进行了实证研究。为研究政府债务规模变化对经济增长的非线性影响，本书以 97 个国家 1980—2014 年的面板数据为样本进行实证分析，先后验证总体样本、欧元区和 G7 国家、新兴经济体政府债务与经济增长之间是否存在非线性效应并测算可能的债务转折点。实证结果表明，总体样本、欧元区和 G7 国家、新兴经济体三类样本政府债务对经济增长的影响均存在非线性效应。总体样本的债务转折点处于 95.56% ~ 102.68%，但是政府债务的阈值效应在欧元区和 G7 国家、新兴经济体之间存在显著差异。欧元区和 G7 国家的政府债务转折点处于111.42% ~ 128.37%，而新兴经济体的政府债务阈值处于 92.69% ~ 110.68%，欧元区和 G7 国家政府对债务的承受能力明显高于新兴经济体。

第三，尽管总体政府债务规模对经济增长的影响存在非线性效应，但是不同类型的政府债务（如政府内债和政府外债）对经济增长的影响也存在显著差异，所以本书还基于债务结构视角实证研究了政府债务对经济增长的非线性效应。为分析政府内外债的变化对经济增长的影响，本书收集了 157 个国家 1984—2015 年的面板数据，并按人均收入标准将总体样本划分为高收入国家、中等收入国家以及低收入国家三类，在此基础上分别探讨总体债务、政府外债及政府内债影响经济增长的阈值效应。实证结果表明，对于总体债务而言，高收入国家和中等收入国家总体政府债务对经济增长的影响存在阈值效应，且债务阈值点分别处于 114.55% ~ 118.92% 和 117.57% ~ 118.33%，但是在低收入国家总体债务的阈值效应并不明显。对于政府外债而言，高收入国家和低收入国家政府外债与经济增长之间仅存在线性正相关，而中等收入国家政府外债对经济增长的影响存在阈值效应，且阈值点处于 101.16% ~ 113.5%。对于政府内债而言，中等收入国家政府内债对经济增长的影响仍存在阈值效应且阈值点处于 106.32% ~ 118.98%，高收入国家政府内债与经济增长之间存在线性负相关，但低收入国家政府内债增加对经济增长的影响并不存在稳定的线性和非线性关系。

第四，政府债务影响经济增长的非线性效应的传导机制主要包括投资传导机制、全要素生产率传导机制、人力资本传导机制及利率传导机制。

第五，无论是基于政府债务规模还是政府债务结构视角的研究，考察的都是政府债务对经济增长的单向影响，而忽略了经济增长对政府债务可能存在的反向影响。因此，基于这一点，本书以 97 个国家 1980—2014 年的面板数据为样本，基于高收入国家和低收入国家分类视角，运用面板向量自回归（面板 VAR）模型分析了政府债务与经济增长二者之间的相互关系。面板格兰杰因果关系检验表明，无论是总体样本还是高收入国家和低收入国家两个分类样本，政府债务与经济增长之间均存在双向因果关系。通过脉冲响应函数的进一步分析还发现，当经济增长受到政府债务冲击时，高收入国家和低收入国家均呈现先递增后递减的趋势，但低收入国家在短期内会迅速出现反转现象；当政府债务受到经济增长冲击时，高收入国家和低收入国家政府债务的响应路径在长期均呈递减趋势。这一研究结果表明，低收入国家政府对债务的承受能力要明显弱于高收入国家，而且在长期，高、低收入国家的经济增长均有利于削减政府债务水平。因此，片面强调政府债务"瘦身"而忽视经济增长对政府债务的削减作用并非是发达国家摆脱债务"泥泞"从而走向经济复苏的有效方案。

第六，自 2008 年国际金融危机及随后的欧洲债务危机爆发以来，世界主要发达国家的政府债务水平几乎均达到历史最高值，解决政府债务问题已经刻不容缓。本书详细分析了削减政府债务的一些政策选择，如财政紧缩政策、非预期的通货膨胀、利率下调、出售政府资产以及保持长期的经济增长。经过比较分析发现，财政紧缩政策和长期经济增长是削减政府债务最重要的政策选择。当经济处于衰退期时，在短期内不宜实施大幅度的财政紧缩，而应该循序渐进地进行财政调整，并实施一些配套措施，如设立专门的机构制定中长期的财政紧缩方案、完善财政规则，以提高财政紧缩的可信度。

第二节　政策建议

在总结上述主要结论的基础上，本书有针对性地提出以下六点政策建议。

一、设立债务预警机制，严格将政府负债比率控制在合理的阈值区间

经过前面的理论研究与实证分析我们可以发现，无论是从政府债务规模还是政府债务结构角度来说，得出的结论均证明政府债务与经济增长之间存在"倒 U 型"的非线性关系，而且政府债务对经济增长的影响存在债务阈值点。由此可见，为刺激经济增长，政府债务规模不可能无限期扩大，而必须严格控制在合理的债务阈值区间。为合理控制政府债务阈值，一方面，政府应设立债务预警机制，规范政府债务发行程序，争取做到早预警、早发现、早解决，不要等到负债比率超过合理的阈值区间才开始控制政府债务水平，因为一旦负债比率超过债务"不可耐点"，那么继续增加政府债务规模俨然会阻碍经济增长。另一方面，在经济增长的平稳期，政府部门应该力推结构改革，依靠技术创新和劳动生产率提高来推动经济增长，而不是依赖大量发行政府债券来强刺激经济。因为财政赤字过高且债务风险加大，一旦经济步入衰退期，政府刺激经济的财政空间极为有限，投资者对未来经济增长的前景也比较悲观，最终可能导致长时期的经济衰退。

二、逐步推进利率市场化，增强本国经济发展的自主性

由于新兴经济体金融发展水平低且自身经济抵御外部冲击的能力比较脆弱，结果导致新兴经济体对政府债务积压的承受能力明显弱于欧元区和 G7 国家，所以新兴经济体在进行债务融资时更应该谨慎。为严格把控政府债务风险以促进经济增长，新兴经济体可从以下两个方面采取措施。第一，由于新兴经济体金融市场发展不完善，市场上的资金总量有限且融资成本高，所以新兴经济体应建立和健全本国资本市场，逐步推进利率市场化，疏通融资渠道和降低融资成本，为私人投资者提供平等便利的投融资

环境。第二，新兴经济体应调整经济增长方式，扩大国内消费需求，加大对人力资本和科研的投入，助推产业转型升级，以应对外部需求增速放缓和发达国家"再工业化"的挑战，从而实现经济自主增长。

三、加强国内债券市场建设，积极吸引外商直接投资

政府内债和政府外债对高、中、低收入水平国家经济增长的影响存在显著差异。对于政府外债而言，中等收入国家政府外债的阈值效应明显，高收入国家和低收入国家政府外债与经济增长之间并不存在阈值效应，而是一种线性正相关关系。对于政府内债而言，高收入国家和低收入国家政府内债仍不存在阈值效应，但是高收入国家政府内债对经济增长的线性影响为负，中等收入国家政府内债对经济增长的影响仍存在阈值效应。鉴于此，本书拟提出以下两点建议：第一，由于中等收入国家金融发展水平提高与本国债券市场的发展能共同促进经济增长，所以中等收入国家应充分重视国内债券市场的建设，应增加可转让国债的比例，增发短期国债，扩大机构投资者持有国债的比例，从而增强国债的流动性和提高国债发行的市场化程度。同时加强信用风险的揭示与预警，强化短期国债风险的区分度，增加短期国债发行品种，增加本国债券市场上期货和期权交易，以增强本国债券市场利率风险规避功能，充分发挥债务融资对经济增长的积极作用。第二，高收入国家和低收入国家在进行债务融资时应重点关注外债对经济增长的促进作用，采取差异化的宏观政策大力吸引外来资本的流入。高收入国家应进一步完善资本市场和改善投融资环境，加强信息披露和监管内容的规范化，提高债券投资的收益性和流动性，大力吸引股权资本的流入。低收入国家应着力于改善投资环境，通过提供税收减免和配套的产业政策重点吸引外商直接投资的进入。

四、重视长期经济增长对政府债务的"瘦身"作用

通过面板格兰杰因果关系检验，我们发现政府债务与经济增长之间存

在双向因果关系。不仅政府债务的变动会影响经济增长，而且经济增长也会导致政府债务发生变化。分类样本的脉冲响应函数表明，在较长期限内，高收入国家和低收入国家政府债务规模在经济增长的冲击下呈现递减趋势，经济增长有利于削减高、低收入国家总体债务水平。因此，在充分认识政府债务与经济增长的双向因果关系后，我们应高度重视长期经济增长对政府债务的"瘦身"作用。特别是2008年国际金融危机爆发后，适度增加政府债务规模仍有利于推动高收入国家和低收入国家的经济增长，而且经济增长在较长期限内也有利于削减政府债务水平。为有效发挥长期经济增长对政府债务的"瘦身"作用，应做到以下两点：第一，在经济增速放缓和债务积压的情形下，不能片面强调财政重组和削减债务规模以规避可能发生的债务风险，而是应该继续实施适度积极的财政政策以刺激经济增长；第二，应坚持以供给侧结构性改革为主线，不断提高经济发展的质量和效益，努力优化投资结构、产业结构以及产品结构，促进资源有效配置和整合，从而通过推动长期经济增长来实现削减政府债务的目的。

五、加大人力资本和研发投入，提高全要素生产率

通过分析政府债务影响经济增长的传导路径，我们不难发现政府债务可以通过人力资本传导机制和全要素生产率传导机制影响经济增长。为确保人力资本和全要素生产率传导路径的畅通，以充分发挥政府债务对经济增长的正向效应，本书拟提出以下两点建议：第一，政府部门应充分利用财政资金加大教育和基础研究投入，积极推动人力资本的积累。教育乃百年大计，教育投资的回报在短期内可能无法显现，但是在长期却能推动经济可持续增长。经济的可持续增长最终必将降低政府债务水平。由于基础研究具有前期投资量大、周期长、见效慢、风险高等特征，作为市场主体的企业往往对基础研究投资望而却步，因此政府部门应持续追加基础研究投资，为科技发明及应用研究奠定坚实的基础。第二，政府部门应加大对高新技术企业的支持力度，为企业提供税收减免和必要的补贴，鼓励企业

重视科技创新，不断改进技术，提高劳动生产率，最终提升整个社会的全要素生产率，从而为经济的长期增长提供持久的动力。

六、设立专门的财政监测机构，严格规范财经纪律

由于政府债务对经济增长的影响存在阈值效应，所以必须严格控制政府债务上限和规范财经纪律，以避免政府债务超过债务阈值点而给经济增长带来不利影响。尽管世界上大多数国家均制定了财政规则，但是真正严格按照财经纪律执行的国家并不多。美国和日本出于政治考虑和刺激经济的需要，政府债务规模已多次突破债务上限。欧盟国家虽然有"财政赤字占 GDP 之比不超过3%"的约束，但实际上不少国家采取一些变相的会计方法使财政赤字/GDP 已突破了 3% 的上限。澳大利亚、新西兰和加拿大等国家也只是利用债务上限向资本市场传递政府财政紧缩的信号，时效性并不明显。因此，为了控制债务风险和规范财经纪律，政府部门首先应设立专门的财政监测机构，专门负责财政法规的制定、监督财政规则的实施；其次应加强财政规则的立法限制，并建立与财政法规相适应的惩罚机制。

第三节　研究的不足及未来展望

本书虽然从政府债务规模和政府债务结构两个视角考察了政府债务对经济增长影响的非线性效应，具体分析了政府债务影响经济增长的主要传导路径，深入研究了政府债务与经济增长二者之间的双向因果关系，但是仍然存在诸多不足，未来仍需进一步研究。

一、政府债务对经济增长的非线性效应缺乏统一的理论框架

根据凯恩斯主义者的观点，短期政府债务对经济增长的影响为正。但是，按照内生增长的理论框架，长期政府债务对经济增长的影响为负。到

目前为止，政府债务对经济增长的非线性效应缺乏统一的理论框架。在统一的理论框架内，什么条件下政府债务对经济增长的影响为正？什么条件下政府债务对经济增长的影响为负？什么条件下政府债务对经济增长无影响？本书研究政府债务影响经济增长的非线性效应，得出的结论主要是以实证分析结果为根据，但仍未构建统一的理论框架来分析政府债务对经济增长的非线性效应。

二、对政府债务的实证研究采用的是存量分析而不是流量分析

无论是基于政府债务规模还是政府债务结构视角的非线性分析，实证研究采用的政府债务数据均是存量数据而非流量数据。存量数据仅能反映变量在某一节点的变化特征，但无法刻画该变量在一段时间内的变化趋势。影响经济增长和政府债务的因素很多，政府债务变化层出不穷，采用政府债务存量数据可能无法真实反映一段时间内政府债务与经济增长的动态演变趋势。

三、对跨国层面异质性因素的考虑仍不够深入

尽管在分析政府债务规模和政府债务结构对经济增长的非线性效应时，本书在固定效应模型中控制了国家层面和样本区间的异质性特征，但是对样本异质性的考察仍比较宏观，分析有待进一步细化。比如，在考察政府内债和政府外债对经济增长的非线性效应时，将总体样本分为高收入国家、中等收入国家及低收入国家三类样本进行实证分析。虽然通过样本分类考察了高、中、低三类不同收入水平国家的异质性，但是不可否认的是，对于同一类型样本如高收入国家日本和美国，其政府债务水平也千差万别。IMF 发布的《公共债务数据库》（HPDD）的数据显示，2015 年日本公共债务规模/GDP 高达 245.9%，且以内债为主。而美国公共债务规模与 GDP 之比为 104.85%，总体债务水平远低于日本，且以外债为主。

无论是从总体公共债务水平还是债务结构而言，日本和美国均存在显著差异，如果仅将两国置于同一样本内进行实证回归，得出的结论可能是有偏差的。

四、政府债务与经济增长之间的影响机制研究不够全面

因数据可获得性和篇幅等方面的限制，本书仅对政府债务影响经济增长的投资传导机制、全要素生产率传导机制、人力资本传导机制及利率传导机制进行实证分析，对其他传导路径只运用经济学逻辑进行简单分析，并未运用实证数据进行检验。此外，政府债务影响经济增长的渠道有很多，如汇率和进出口。因此，除了本书研究的传导路径，政府债务影响经济增长的其他可能渠道还有待进一步研究。

五、债务阈值的动态演变特征尚未考虑

从本质上讲，政府债务"阈值"论意味着当政府债务规模达到一定程度时，政府债务与经济增长之间的关系将会由正向效应转变为负向效应。从这个角度来说，政府债务阈值可能是短暂的和不稳定的，并且是动态变化的。因此，我们必须考察政府债务阈值的动态演变规律。然而，本书仅从政府债务规模、政府债务结构两个角度通过跨国面板实证分析得出债务/GDP 的转折点，并未考察政府债务比率的动态变化规律，所以仍需进一步研究。

参 考 文 献

[1] 白积洋，刘成奎. 中国地方政府债务可持续、财政空间与经济增长 [J]. 经济理论与经济管理，2022，42（8）：61－72.

[2] 彼罗·斯拉法. 李嘉图著作和通信集（第一卷）[M]. 郭大力，王亚南，译. 北京：商务印书馆，1991.

[3] 曹光宇，刘晨冉，周黎安，等. 财政压力与地方政府融资平台的兴起 [J]. 金融研究，2020（5）：59－76.

[4] 陈梦根，尹德才. 政府债务与经济增长：究竟谁影响谁?：国际视角的因果关系检验 [J]. 经济管理，2016，38（9）：1－17.

[5] 陈时兴. 中国转型期国债的金融分析 [M]. 北京：中国社会科学出版社，2001.

[6] 陈诗一，汪莉. 中国地方债务与区域经济增长 [J]. 学术月刊，2016，48（6）：37－52.

[7] 程希，舒艳. 估值效应波动：基于面板 VAR 的分析 [J]. 国际金融研究，2014（5）：88－96.

[8] 程宇丹，龚六堂. 政府债务对经济增长的影响及作用渠道 [J]. 数量经济技术经济研究，2014，31（12）：22－37.

[9] 程宇丹，龚六堂. 财政分权下的政府债务与经济增长 [J]. 世界经济，2015，38（11）：3－28.

[10] 邓晓兰，黄显林，张旭涛. 公共债务、财政可持续性与经济增长 [J]. 财贸研究，2013，24（4）：83－90.

[11] 刁伟涛. 经济增长视角下我国地方政府债务的适度规模研究：基于省际数据的分析 [J]. 经济问题, 2016 (3): 50-54.

[12] 刁伟涛. 债务率、偿债压力与地方债务的经济增长效应 [J]. 数量经济技术经济研究, 2017, 34 (3): 59-77.

[13] 范剑勇, 莫家伟. 地方债务、土地市场与地区工业增长 [J]. 经济研究, 2014, 49 (1): 41-55.

[14] 费尔南·布罗代尔. 15 至 18 世纪的物质文明、经济和资本主义 (第二卷) [M]. 顾良, 译, 北京：读书·新知三联书店, 1996.

[15] 高培勇. 政府债务管理 [M]. 北京：中国财政经济出版社, 2003.

[16] 龚六堂, 程宇丹. 内债外债 影响有别：开放经济下的政府债务与经济增长 [J]. 北大商业评论, 2015 (5): 32-43.

[17] 郭步超, 王博. 政府债务与经济增长：基于资本回报率的门槛效应分析 [J]. 世界经济, 2014, 37 (9): 95-118.

[18] 郭红玉. 国债宏观经济效应研究 [M]. 北京：对外经济贸易大学出版社, 2005.

[19] 韩健, 程宇丹. 地方政府债务规模对经济增长的阈值效应及其区域差异 [J]. 中国软科学, 2018 (9): 104-112.

[20] 胡翠, 许召元. 对外负债与经济增长 [J]. 经济研究, 2011, 46 (2): 19-30.

[21] 纪敏, 严宝玉, 李宏瑾. 杠杆率结构、水平和金融稳定：理论分析框架和中国经验 [J]. 金融研究, 2017 (2): 11-25.

[22] 贾俊雪, 郭庆旺. 财政规则、经济增长与政府债务规模 [J]. 世界经济, 2011, 34 (1): 73-92.

[23] 莱因哈特, 罗格夫. 这次不一样：八百年金融危机史 [M]. 綦相, 刘晓峰, 刘丽娜, 译. 北京：机械工业出版社, 2012.

[24] 李刚, 冯夏琛, 王璐璐. 公共债务能够促进经济增长吗？[J].

世界经济研究，2013（2）：16 – 21 + 87.

[25] 连玉君. 中国上市公司投资效率研究 [M]. 北京：经济管理出版社，2009.

[26] 林毅夫，文永恒，顾艳伟. 地方政府债务与经济增长：基于地方投资平台债务的分析 [J]. 财政研究，2023（2）：3 – 15.

[27] 刘洪钟，杨攻研，尹雷. 政府债务、经济增长与非线性效应 [J]. 统计研究，2014，31（4）：29 – 38.

[28] 刘华. 公债的经济效应研究 [M]. 北京：中国社会科学出版社，2004.

[29] 刘金林. 政府债务与经济增长：来自 OECD 的证据 [J]. 制度经济学研究，2013（3）：169 – 203.

[30] 刘金林. 基于经济增长视角的政府债务合理规模研究：来自 OECD 的证据 [J]. 经济问题，2013（12）：25 – 30 + 66.

[31] 刘溶沧，马拴友. 赤字、国债与经济增长关系的实证分析：兼评积极财政政策是否有挤出效应 [J]. 经济研究，2001（2）：13 – 19 + 28.

[32] 刘尚希. 财政风险：一个分析框架 [J]. 经济研究，2003（5）：23 – 31 + 91.

[33] 刘迎秋，韩强，郭宏宇，等. 利率、债务率、汇率与经济增长 [M]. 北京：中国社会科学出版社，2010.

[34] 刘哲希，任嘉杰，陈小亮. 地方政府债务对经济增长的影响：基于债务规模与债务结构的双重视角 [J]. 改革，2020（4）：100 – 115.

[35] 刘哲希，王兆瑞，陈小亮，等. 外债规模、政府债务风险与经济增长 [J]. 财贸研究，2022，48（6）：4 – 18.

[36] 路继业，李淼. 政府债务会降低经济增长吗：来自新兴市场国家和发达国家的经验证据 [J]. 宏观经济研究，2020（8）：38 – 50.

[37] 罗林. 政府债务机制研究 [M]. 北京：中国金融出版社，2014.

[38] 毛捷，黄春元. 地方债务、区域差异与经济增长：基于中国地

级市数据的验证 [J]. 金融研究, 2018 (5): 1 – 19.

[39] 毛捷, 马光荣. 政府债务规模与财政可持续性: 一个研究综述 [J]. 财政科学, 2022 (11): 10 – 41.

[40] 纽曼, 米尔盖特, 伊特韦尔. 新帕尔格雷夫货币金融大辞典 [M]. 胡坚, 等译, 北京: 经济科学出版社, 2000.

[41] 齐红倩, 席旭文, 庄晓季. 公共债务对经济增长影响的非线性特征: 基于 PSTR 模型的国际经验分析 [J]. 世界经济研究, 2015 (6): 33 – 42 + 127.

[42] 齐红倩, 庄晓季. 我国公共债务对私人投资的影响效应研究 [J]. 求索, 2015 (4): 56 – 60.

[43] 齐红倩, 庄晓季. 中国公共债务对经济增长的传导效应 [J]. 财经问题研究, 2015 (6): 59 – 64.

[44] 邱栎桦, 伏润民, 李帆. 经济增长视角下的政府债务适度规模研究: 基于中国西部 D 省的县级面板数据分析 [J]. 南开经济研究, 2015 (1): 13 – 31.

[45] 王博, 赵森杨, 罗荣华, 等. 地方政府债务、空间溢出效应与区域经济增长 [J]. 金融研究, 2022 (8): 18 – 37.

[46] 王韧, 刘柳巧, 刘于萍. 地方政府债务负担会阻碍区域经济一体化吗?: 城市群视角的异质性诊断 [J]. 财政研究, 2021 (5): 70 – 84.

[47] 王晓永, 刘睿. 政府债务、国家主权信用与经济增长: 来自全球 95 个国家的国别经验 [J]. 经济学家, 2022 (3): 77 – 87.

[48] 谢子远. 我国国债宏观经济效应实证研究 [M]. 杭州: 浙江大学出版社, 2008.

[49] 徐文芸, 金荣学, 董浩然. 地方政府债务、腐败与经济增长 [J]. 海南大学学报 (人文社会科学版), 2021, 39 (1): 62 – 70.

[50] 亚当·斯密. 国民财富的性质和原因的研究 (下卷) [M]. 郭大力, 王亚南, 译, 北京: 商务印书馆, 1974.

［51］尹恒. 政府债务问题研究［M］. 北京：北京师范大学出版社，2007.

［52］袁东. 国债市场、财政政策与经济增长［M］. 北京：经济科学出版社，1999.

［53］张启迪. 政府债务对经济增长的影响存在阈值效应吗：来自欧元区的证据［J］. 南开经济研究，2015（3）：95 - 113.

［54］张晓晖，张传娜. 地方政府债务、固定资产投资与经济增长关系研究：基于东北三省 111 个县（市）数据的分析［J］. 经济纵横，2020（8）：100 - 107.

［55］赵新泉. 后危机时代新兴经济体非金融企业债务走势、风险及启示［J］. 中国流通经济，2022，36（11）：118 - 128.

［56］赵新泉，陈旭. 政府债务影响经济增长的非线性效应研究［J］. 国际金融研究，2018（2）：54 - 65.

［57］赵新泉，陈旭，卫平东，等. 后危机时代主要发达国家债务削减的经验分析及对中国的启示［J］. 国际贸易，2021（4）：57 - 66.

［58］Abbas S，Akitoby M，Andritzky M，et al. Dealing with High Debt in an Era of Low Growth［R］. IMF Staff Discussion Notes，2013，07.

［59］Abbas S，Belhocine N，Elganainy A，et al. A Historical Public Debt Database［R］. IMF Working Papers No. 245，2010.

［60］Abbas S，Christensen J. The Role of Domestic Debt Markets in Economic Growth：An Empirical Investigation for Low-income Countries and Emerging Markets［R］. IMF Working Papers No. 127，2007.

［61］Abbott C. Management of the Federal Debt［J］. Bulletin of the Historiographical Institute，1946，24（1）：97 - 108.

［62］Abu Bakar N，Hassan S. Empirical Evaluation on External Debt of Malaysia［J］. International Business and Economics Research Journal，2008，7（2）：95 - 108.

［63］ Adepoju A, Salau A, Obayelu A. The Effects of External Debt Management on Sustainable Economic Growth and Development: Lessons from Nigeria ［R］. MPRA Paper No. 2147, 2007.

［64］ Adofu I, Abula M. Domestic Debt and the Nigerian Economy ［J］. Current Research Journal of Economic Theory, 2010, 2 (1): 22 – 26.

［65］ Afonso A, Jalles J. Growth and Productivity: The Role of Government Debt ［J］. International Review of Economics & Finance, 2013, 25 (1): 384 – 407.

［66］ Aghion P, Howitt P. Unemployment: A Symptom of Stagnation or a Side-Effect of Growth? ［J］. European Economic Review, 1991, 35 (2 – 3): 535 – 541.

［67］ Aghion P, Kharroubi E. Cyclical Macro Policy and Industry Growth: The Effect of Counter-Cyclical Fiscal Policy ［J］. IMF, 2008.

［68］ Aizenman J, Kletzer K, Pinto B. Economic Growth with Constraints on Tax Revenues and Public Debt: Implications for Fiscal Policy and Cross-Country Differences ［R］. NBER Working Paper No. 12750, 2007.

［69］ Alesina A, Ardagna S, Trebbi F. Who Adjusts and When? On the Political Economy of Reforms ［R］. IMF Staff Papers No. 53, 2006.

［70］ Alesina A, Perotti R. Fiscal Expansions and Adjustments in OECD Countries ［J］. Economic Policy, 1995, 10 (21): 205 – 248.

［71］ Arellano M, Bond S. Some Tests of Specification for Panel Data: Monte Carlo Evidence and an Application to Employment Equations ［J］. The Review of Economic Studies, 1991, 58 (2): 277 – 297.

［72］ Arellano M, Bover O. Another Look at the Instrumental Variable Estimation of Error-Components Models ［J］. Journal of Econometrics, 1995, 68 (1): 29 – 51.

［73］ Arnone M, Bandiera L, Presbitero A. External Debt Sustainability:

Theory and Empirical Evidence [R]. Catholic University of Piacenza Economics Working Paper No. 33, 2005.

[74] Aschauer D. Does Public Capital Crowd Out Private Capital? [J]. Journal of Monetary Economics, 1989, 24 (2): 171 – 188.

[75] Ayadi F, Ayadi Felix O. The Impact of External Debt on Economic Growth: A Comparative Study of Nigeria and South Africa [J]. Journal of Sustainable Development in Africa, 2008, 10 (3): 234 – 264.

[76] Bailey M. National Income and the Price Level [M]. New York: McGraw-Hill, 1962.

[77] Bakar A, Hassan S. Empirical Evaluation on External Debt of Malaysia [J]. International Business& Economics Research Journal, 2008, 7 (2): 95 – 108.

[78] Baldacci E, Kumar M S. Fiscal Deficits, Public Debt, and Sovereign Bond Yields [R]. IMF Working Paper No. 10/184, 2010.

[79] Barkbu M, Rahman J, Valdés M. Fostering Growth in Europe Now [R]. IMF Staff Discussion Notes, 2012, 07.

[80] Barro R. Are Government Bonds Net Wealth? [J]. The Journal of Political Economy, 1974, 82 (6): 1095 – 1117.

[81] Barro R. On the Determination of Public Debt [J]. Journal of Political Economy, 1979, 87 (5): 940 – 971.

[82] Barro R. Government Spending in a Simple Model of Endogenous Growth [J]. Journal of Political Economy, 1990, 98 (5, Part 2): S103 – S125.

[83] Batini N, Callegari G, Melina G. Successful Austerity in the United States, Europe and Japan [R]. IMF Working Papers No. 190, 2012.

[84] Baum A, Checherita-Westphal C, Rother P. Debt and Growth: New Evidence for the Euro Area [J]. Journal of International Money and Finance,

2013, 32: 809 – 821.

[85] Beauchemin K R. Growth or Stagnation? The Role of Public Education [J]. Journal of Development Economics, 2001, 64 (2): 389 – 416.

[86] Beaugrand M, Mlachila M, Loko B. The Choice between External and Domestic Debt in Financing Budget Deficits: The Case of Central and West African Countries [R]. IMF Working Paper No. 79, 2002.

[87] Bell A, Johnston R, Jones K. Stylised Fact or Situated Messiness? The Diverse Effects of Increasing Debt on National Economic Growth [J]. Journal of Economic Geography, 2015, 15 (2): 449 – 472.

[88] Blanchard O. Debt, Deficits, and Finite Horizons [J]. Journal of Political Economy, 1985, 93 (2): 223 – 247.

[89] Blanchard O. Can Severe Fiscal Contractions Be Expansionary? Tales of Two Small European Countries [J]. NBER Macroeconomics Annual, 1990, 5: 75 – 111.

[90] Blanchard O, Fischer S. Lectures on Macroeconomics [M]. Cambridge: MIT Press, 1989.

[91] Blankenau W, Simpson N B. Public Education Expenditures and Growth [J]. Journal of Development Economics, 2004, 73 (2): 583 – 605.

[92] Bleaney M. Inflation and Public Debt [J]. Australian Economic Papers, 2010, 35 (66): 141 – 155.

[93] Bleaney M, Ozkan F. The Structure of Public Debt and the Choice of Exchange Rate Regime [J]. Canadian Journal of Economics, 2011, 44 (1): 325 – 339.

[94] Blundell R, Bond S. Initial Conditions and Moment Restrictions in Dynamic Panel Data Models [J]. Journal of Econometrics, 1998, 87 (1): 115 – 143.

[95] Bohn H. The Sustainability of Budget Deficits in a Stochastic Economy

[J]. Journal of Money, Credit and Banking, 1995, 27 (1): 257 - 271.

[96] Bohn H. The Behavior of US Public Debt and Deficits [J]. The Quarterly Journal of Economics, 1998, 113 (3): 949 - 963.

[97] Brida J, Gómez D, Seijas M. Debt and Growth: A Non-Parametric Approach [J]. Physica A: Statistical Mechanics & Its Applications, 2017, 486: 883 - 894.

[98] Brixi H P. Contingent Government Liabilities: A Hidden Risk for Fiscal Stability [R]. Policy Research Working Paper No. 1989, 1998.

[99] Brauninger M. The Budget Deficit, Public Debt, and Endogenous Growth [J]. Journal of Public Economic Theory, 2005, 7 (5): 827 - 840.

[100] Buchanan J M. Barro on the Ricardian Equivalence Theorem [J]. The Journal of Political Economy, 1976, 84 (2): 337 - 342.

[101] Buchanan J M. Better than Plowing and Other Personal Essays [M]. University of Chicago Press, 1992.

[102] Buchanan J M. Wagner R. E. Democracy and Deficit: The Political Legacy of Lord Keynes [M]. New York: Academic Press, 1977.

[103] Buiter W, Kletzer K. Who's Afraid of the Public Debt? [J]. American Economic Review, 1992, 82 (2): 290 - 294.

[104] Butts H. C. Short Term External Debt and Economic Growth-Granger Causality: Evidence from Latin America and the Caribbean [J]. The Review of Black Political Economy, 2009, 36 (2): 93 - 111.

[105] Carmichael J. On Barro's Theorem of Debt Neutrality: The Irrelevance of Net Wealth [J]. The American Economic Review, 1982, 72 (1): 202 - 213.

[106] Calderón C, Fuentes J. Government Debt and Economic Growth [R]. IDB Publications Working Papers No. 4641, 2013.

[107] Carlberg M. External versus Internal Public Debt: A Theoretical

Analysis of the Long-run Burden [J]. Journal of Economics, 1985, 45 (2): 141 –154.

[108] Cecchetti S, Mohanty M, Zampolli F. Achieving Growth Amid Fiscal Imbalances: the Real Effects of Debt [J]. Economic Symposium Conference Proceedings, Federal Reserve Bank of Kansas City, 2011 (1): 145 –196.

[109] Chang T, Chiang G. Transitional Behavior of Government Debt Ratio on Growth: The Case of OECD Countries [J]. Journal for Economic Forecasting, 2012, 15 (2): 271 –274.

[110] Chen C, Yao S, Hu P, et al. Optimal Government Investment and Public Debt in an Economic Growth Model [J]. China Economic Review, 2017, 45 (c): 257 –278.

[111] Checherita-Westphal C, Rother P. The Impact of High Government Debt on Economic Growth and its Channels: An Empirical Investigation for the Euro Area [J]. European Economic Review, 2012, 56 (7): 1392 –1405.

[112] Cholifihani M. A Cointegration Analysis of Public Debt Service and GDP in Indonesia [J]. Journal of Management and Social Sciences, 2008, 4 (2): 68 –81.

[113] Chowdhury A. External Debt and Growth in Developing Countries: a Sensitivity and Causal Analysis [R]. WIDER-Discussion Papers No. 95, 2001.

[114] Chudik A, Mohaddes K, Pesaran M, et al. Is there a Debt-threshold Effect on Output Growth? [J]. Review of Economics and Statistics, 2017, 99 (1): 135 –150.

[115] Cochrane J H. Understanding Policy in the Great Recession: Some Unpleasant Fiscal Arithmetic [J]. European Economic Review, 2011, 55 (1): 2 –30.

[116] Cordella T, Ricci L, Ruiz-Arranz M. Debt Overhang or Debt Irrelevance? [J]. IMF Staff Papers, 2010, 57 (1): 1 –24.

［117］ Cowan K, Levy-Yeyati E, Panizza U, et al. Sovereign Debt in the Americas: New Data and Stylized Facts ［R］. Working Paper No. 577, 2006.

［118］ Darreau P, Pigalle F. Equivalence in the Internal and External Public Debt Burden ［J］. Economics Bulletin, 2013, 33: 2475 – 2482.

［119］ DeLong J, Summers L. Fiscal Policy in a Depressed Economy ［J］. Brookings Papers on Economic Activity, 2012 (1): 233 – 297.

［120］ Dewald W G. Federal Deficits and Real Interest Rates: Theory and Evidence ［J］. Economic Review, 1983, 68 (1): 20 – 29.

［121］ Diamond P. National Debt in a Neoclassical Growth Model ［J］. The American Economic Review, 1965, 55 (5): 1126 – 1150.

［122］ Dogan I, Bilgili F. The Non-linear Impact of High and Growing Government External Debt on Economic Growth: A Markov Regime-switching Approach ［J］. Economic Modelling, 2014, 39 (39): 213 – 220.

［123］ Dotsey M. Some Unpleasant Supply Side Arithmetic ［J］. Journal of Monetary Economics, 1994, 33 (3): 507 – 524.

［124］ Dritsaki C. Causal Nexus between Economic Growth, Exports and Government Debt: The Case of Greece ［J］. Procedia Economics & Finance, 2013, 5: 251 – 259.

［125］ Easterly W. Growth Implosions and Debt Explosions: Do Growth Slowdowns Cause Public Debt Crises? ［J］. Contributions in Macroeconomics, 2001, 1 (1): 1 – 26.

［126］ Eberhardt M, Presbitero A. This Time They Are Different: Heterogeneity and Nonlinearity in the Relationship Between Debt and Growth ［R］. IMF Working Paper No. 13/248, 2013.

［127］ Eberhardt M, Presbitero A. Public Debt and Growth: Heterogeneity and Non-linearity ［J］. Journal of International Economics, 2015, 97 (1): 45 – 58.

［128］Égert B. Public Debt, Economic Growth and Nonlinear Effects: Myth or Reality? ［R］. OECD Economics Department Working Papers No. 993, 2012.

［129］Eisner R. Deficits: Which, How Much, and So What? ［J］. The American Economic Review, 1992, 82 (2): 295 – 298.

［130］Elmendorf D, Mankiw N. Government Debt ［R］. NBER Working Paper No. 6470, 1998.

［131］Evans P. Do Large Deficits Produce High Interest Rates? ［J］. American Economic Review, 1985, 75 (75): 68 – 87.

［132］Evans P. Interest Rates and Expected Future Budget Deficits in the United States ［J］. Journal of Political Economy, 1987, 95 (1): 34 – 58.

［133］Evans P. Do Budget Deficits Raise Nominal Interest Rates?: Evidence from Six Countries ［J］. Journal of Monetary Economics, 2006, 20 (2): 281 – 300.

［134］Eyraud L, Weber A. The Challenge of Debt Reduction during Fiscal Consolidation ［R］. IMF Working Paper No. 67, 2013.

［135］Feldstein M. The Surprising Incidence of a Tax on Pure Rent: A New Answer to an Old Question ［J］. Journal of Political Economy, 1977, 85 (2): 349 – 360.

［136］Ferreira C. Public Debt and Economic Growth: a Granger Causality Panel Data Approach. Technical University of Lisbon, School of Economics and Management ［R］. Working Paper No. 24, 2009.

［137］Ferreira C. Debt and Economic Growth in the European Union: What Causes What? Technical University of Lisbon, School of Economics and Management ［R］. Working Paper No. 8, 2014.

［138］Ferreira C. Debt and Economic Growth in the European Union: A Panel Granger Causality Approach ［J］. International Advances in Economic Research, 2016, 22 (2): 131 – 149.

[139] Gale W G, Orszag P R. The Economic Effects of Long-Term Fiscal Discipline [R]. The Urban-Brooking Tax Policy Center Discussion Paper No. 8, 2003.

[140] Giavazzi F, Pagano M. Can Severe Fiscal Contractions be Expansionary? Tales of Two Small European Countries [J]. NBER Macroeconomics Annual, 1990 (5): 75 – 111.

[141] Giavazzi F, Pagano M. Non-Keynesian Effects of Fiscal Policy Changes: International Evidence and the Swedish Experience [R]. NBER Working Paper No. 5332, 1995.

[142] Gilchrist S, Himmelberg C. Evidence on the Role of Cash Flow for Investment [J]. Journal of Monetary Economics, 1995, 36 (3): 541 – 572.

[143] Glomm G, Ravikumar B. Public versus Private Investment in Human Capital: Endogenous Growth and Income Inequality [J]. Journal of Political Economy, 1992, 100 (4): 818 – 834.

[144] Gómez-Puig M, Sosvilla-Rivero S. The Causal Relationship between Debt and Growth in EMU Countries [J]. Journal of Policy Modeling, 2015, 37 (6): 974 – 989.

[145] Greiner A. Human Capital Formation, Public Debt and Economic Growth [J]. Journal of Macroeconomics, 2008, 30 (1): 415 – 427.

[146] Greiner A. Debt and Growth: Is there a Non-monotonic Relation? [J]. Working Papers in Economics and Management, Bielefeld University, 2012.

[147] Greiner A. Sustainable Public Debt and Economic Growth under Wage Rigidity [J]. Metroeconomica, 2013, 64 (2): 272 – 292.

[148] Greiner A, Hanusch H. Growth and Welfare Effects of Fiscal Policy in an Endogenous Growth Model with Public Investment [J]. International Tax and Public Finance, 1998, 5 (3): 249 – 261.

[149] Grobéty M. Government Debt and Growth: The Role of Liquidity [J]. Journal of International Money & Finance, 2017, 83: 1 –22.

[150] Grossman G, Helpman E. Trade, Knowledge Spillovers, and Growth [J]. European Economic Review, 1991, 35 (2 –3): 517 –526.

[151] Guajardo J, Leigh D, Pescatori A. Expansionary Austerity: New International Evidence [R]. IMF Working Paper No. 11/158, 2011.

[152] Guscina A, Jeanne M. Government Debt in Emerging Market Countries: A New Data Set [R]. IMF Working Paper No. 98, 2006.

[153] Hansen B. Threshold Effects in Non-dynamic Panels: Estimation, Testing, and Inference [J]. Journal of Econometrics, 1999, 93 (2): 345 –368.

[154] Harrabi S, Bousrih L, Salisu M. Debt Relief and Credit to the Private Sector in African Countries [J]. African Development Review, 2007, 19 (3): 469 –480.

[155] Herndon T, Ash M, Pollin R. Does High Public Debt Consistently Stifle Economic Growth? A Critique of Reinhart and Rogoff [J]. Cambridge Journal of Economics, 2014, 38 (2): 257 –279.

[156] Hole A. A Comparison of Approaches to Estimating Confidence Intervals for Willingness to Pay Measures [J]. Health Economics, 2007, 16 (8): 827 –840.

[157] Hoelscher G. Federal Borrowing and Short Term Interest Rates [J]. Southern Economic Journal, 1983, 50 (2): 319 –333.

[158] Holtz-Eakin D, Newey W, Rosen H. Estimating Vector Autoregressions with Panel Data [J]. Econometrica: Journal of the Econometric Society, 1988: 1371 –1395.

[159] Imbs J, Rancière R. The Overhang Hangover [R]. CEPR Conference Paper, 2007.

［160］ Im K, Pesaran M, Shin Y. Testing for Unit Roots in Heterogeneous Panels ［J］. Journal of Econometrics, 2003, 115 (1): 53 -74.

［161］ Irons J, Bivens J. Government Debt and Economic Growth Over-reaching Claims of Debt "Threshold" Suffer from Theoretical and Empirical Flaws ［R］. EPI Briefing Paper, 2010.

［162］ Jaramillo L, Cottarelli M. Walking Hand in Hand: Fiscal Policy and Growth in Advanced Economies ［R］. IMF Working Paper No. 137, 2012.

［163］ Jayaraman T, Lau E. Does External Debt Lead to Economic Growth in Pacific Island Countries ［J］. Journal of Policy Modeling, 2009, 31 (2): 272 -288.

［164］ Kamiguchi A, Tamai T. Are Fiscal Sustainability and Stable Balanced Growth Equilibrium Simultaneously Attainable? ［J］. Metroeconomica, 2012, 63 (3): 443 -457.

［165］ Kourtellos A, Stengos T, Tan C M. The Affect of Public Debt on Growth in Multiple Regimes ［J］. Journal of Macroeconomics, 2013, 38 (4): 35 -43.

［166］ Kumar M, Woo J, Public Debt and Growth［R］. IMF Working Paper No. 174, 2010.

［167］ Kutivadze N. Public Debt, Domestic and External Financing, and Economic Growth［R］. Departmental Working Paper, 2011.

［168］ Lin S. Government Debt and Economic Growth in an Overlapping Generations Model ［J］. Southern Economic Journal, 2000, 66 (3): 754 -763.

［169］ Lo S, Rogoff K. Secular Stagnation, Debt Overhang and Other Rationales for Sluggish Growth［R］. Six Years on 13th Annual BIS Conference Paper, 2014.

［170］ Love I, Zicchino L. Financial Development and Dynamic Investment

Behavior: Evidence from Panel VAR [J]. The Quarterly Review of Economics and Finance, 2006, 46 (2): 190 –210.

[171] Lucas R. On the Mechanics of Economic Development [J]. Journal of Monetary Economics, 1988, 22 (1): 3 –42.

[172] Lütkepohl H. Introduction to Multiple Time Series Analysis [M]. Berlin: Springer, 1993.

[173] Lutz M, Tanzi V. Interest Rates and Government Debt: Are the Linkages Global Rather than National? [R]. IMF Working Papers, 1991.

[174] Makin J. Real Interest, Money Surprises, Anticipated Inflation and Fiscal Deficits [J]. Review of Economics & Statistics, 1983, 65 (3): 374 –384.

[175] Mascaro A, Meltzer A H. Long-and Short-Term Interest Rates in a Risky World [J]. Journal of Monetary Economics, 1983, 12 (4): 485 –518.

[176] Mataya C, Veeman M. The Behaviour of Private and Public Investment in Malawi [J]. Canadian Journal of Economics/Revue Canadienne D'economique, 1996, 29 (s1): 438 –442.

[177] Matthew A, Mordecai B. The Impact of Domestic Debt on Agricultural Output in Nigeria (1985—2014) [J]. Journal of Economics, Management and Trade, 2016, 13 (3): 1 –12.

[178] Mauro P, Romeu R, Binder A, et al. A Modern History of Fiscal Prudence and Profligacy [J]. Journal of Monetary Economics, 2015, 76: 55 –70.

[179] Mendoza E, Ostry J. International Evidence on Fiscal Solvency: Is Fiscal Policy "Responsible"? [J]. Journal of Monetary Economics, 2008, 55 (6): 1081 –1093.

[180] Minea A, Parent A. Is High Public Debt Always Harmful to Economic Growth? Reinhart and Rogoff and Some Complex Nonlinearities [R].

CERDI, Etudes et Documents, 2012.

[181] Modigliani F. Long-run Implications of Alternative Fiscal Policies and the Burden of the National Debt [J]. The Economic Journal, 1961, 71 (284): 730 – 755.

[182] Ni S, Wang X. Human Capital and Income Taxation in an Endogenous Growth Model [J] . Journal of Macroeconomics, 1994, 16 (3): 493 – 507.

[183] Nuti D M. Austerity versus Development [C]. International Conference on Management and Economic Policy for Development. 2014.

[184] Ostry J, Ghosh A, Espinoza R. When Should Public Debt Be Reduced? [R]. IMF Staff Discussion Notes, 2015.

[185] Panizza U. Is Domestic Debt the Answer to Debt Crises? [R]. IPD Working Paper, 2007.

[186] Panizza U, Presbitero A. F. Public Debt and Economic Growth in Advanced Economies: A Survey [J]. Swiss Journal of Economics and Statistics, 2013, 149 (2): 175 – 204.

[187] Pattillo C, Poirson H, Ricci L. External Debt and Growth [R]. IMF Working Paper No. 02/69, 2002.

[188] Pattillo C, Poirson H, Ricci L. What Are the Channels through Which External Debt Affects Growth? [R]. IMF Working Paper No. 15, 2004.

[189] Perotti R. The "Austerity Myth": Gain Without Pain? [M] Fiscal policy after the Financial Crisis. University of Chicago Press, 2012: 307 – 354.

[190] Pescatori A, Leigh D, Guajardo J. Expansionary Austerity New International Evidence [J]. Journal of the European Economic Association, 2014, 12 (4): 949 – 968.

[191] Pescatori A, Sandri D, Simon J. Debt and Growth: Is There a Magic Threshold? [R]. IMF Working Paper, 2014.

［192］ Plosser C I. Fiscal Policy and the Term Structure ［J］. Journal of Monetary Economics, 1987, 20 (2): 343 - 367.

［193］ Plosser C I. Government Financing Decisions and Asset Returns ［J］. Journal of Monetary Economics, 2006, 9 (3): 325 - 352.

［194］ Presbitero A. The Debt-growth Nexus in Poor Countries: A Reassessment ［J］. Economics: The Open-Access, Open-Assessment E-Journal, 2008, 2 (30): 1 - 28.

［195］ Puente-Ajovín M, Sanso-Navarro M. Granger Causality between Debt and Growth: Evidence from OECD Countries ［J］. International Review of Economics & Finance, 2015, 35: 66 - 77.

［196］ Rebelo S. Long-run Policy Analysis and Long-run Growth ［J］. Journal of Political Economy, 1991, 99 (3): 500 - 521.

［197］ Reinhart C, Rogoff K. Growth in a Time of Debt ［J］. The American Economic Review, 2010a, 100 (2): 573 - 578.

［198］ Reinhart C, Rogoff K. Debt and Growth Revisited ［R］. MPRA Paper No. 24376, 2010b.

［199］ Rogoff K. Reinhart and Rogoff: Responding to Our Critics ［J］. New York Times, 2013.

［200］ Reinhart C, Reinhart V, Rogoff K. Dealing with Debt ［J］. Journal of International Economics, 2015, 96: S43 - S55.

［201］ Saint-Paul G. Fiscal Policy in an Endogenous Growth Model ［J］. The Quarterly Journal of Economics, 1992, 107 (4): 1243 - 1259.

［202］ Samuelson P A. An Exact Consumption-Loan Model of Interest with or without the Social Contrivance of Money ［J］. Journal of Political Economy, 1958, 66 (6): 467 - 482.

［203］ Sargent T J, Wallace N. Some Unpleasant Monetarist Arithmetic ［J］. Federal Reserve Bank of Minneapolis Quarterly Review, 1981, 5 (3):

1 – 17.

［204］ Schclarek A. Debt and Economic Growth in Developing and Industrial Countries ［R］. Lund University, Department of Economics Working Paper, 2004.

［205］ Sidiqui R A, Malik A. Debt and Economic Growth in South Asia ［J］. The Pakistan Development Review, 2001: 677 – 688.

［206］ Spiro P. The Effect of Government Debt on Short-Term Real Interest Rates: Comment on Findlay ［J］. Staff Papers, 1990, 37 (4): 881 – 888.

［207］ Tanner J E. Fiscal Policy and Consumer Behavior ［J］. Review of Economics & Statistics, 1979, 61 (2): 317 – 321.

［208］ Tanzi V. Fiscal Deficits and Interest Rates in the United States: An Empirical Analysis, 1960—1984 ［J］. IMF Staff Papers, 1985, 32 (4): 551 – 576.

［209］ Tobin J. Asset Holdings and Spending Decisions ［J］. American Economic Review, 1952, 42 (2): 109 – 123.

［210］ Turnovsky S J. The Term Structure of Interest Rates and the Effects of Macroeconomic Policy ［J］. Journal of Money Credit & Banking, 1989, 21 (3): 321 – 347.

［211］ Ueshina M. The Effect of Public Debt on Growth and Welfare under the Golden Rule of Public Finance ［J］. Journal of Macroeconomics, 2018, 55: 1 – 11.

［212］ Uzawa H. Optimum Technical Change in an Aggregate Model of Economic Growth ［J］. International Economic Review, 1965, 6 (1): 18 – 31.

［213］ Vance C. Marginal Effects and Significance Testing with Heckman's Sample Selection Model: A Methodological Note ［J］. Applied Economics Letters, 2009, 16 (14): 1415 – 1419.

［214］ Vita G, Trachanas E, Luo Y. Revisiting the Bi-directional Causali-

ty between Debt and Growth: Evidence from Linear and Nonlinear Tests [J].
Journal of International Money & Finance, 2018, 83: 55 – 74.

[215] Walker I, Auerbach A J, Kotlikoff L J. Dynamic Fiscal Policy [J].
Economica, 1987, 56 (221): 128.

[216] Woo J. Why Do More Polarized Countries Run More Procyclical Fiscal
Policy? [J]. The Review of Economics and Statistics, 2009, 91 (4): 850 –870.

[217] Teles V, Mussolini C. Public Debt and the Limits of Fiscal Policy to
Increase Economic Growth [J]. European Economic Review, 2014, 66 (1):
1 –15.

[218] Yakita A. Sustainability of Public Debt, Public Capital Formation,
and Endogenous Growth in an Overlapping Generations Setting [J]. Journal of
Public Economics, 2008, 92 (3 –4): 897 –914.

附录 书中主要的数据和表格

表1 样本国家的分类

国家	具体名单	样本国家数
发达国家	澳大利亚、丹麦、冰岛、韩国、新西兰、挪威、新加坡、瑞典、瑞士	9
	欧元区和 G7 国家：奥地利、比利时、塞浦路斯、芬兰、法国、德国、希腊、爱尔兰、意大利、卢森堡、马耳他、荷兰、葡萄牙、西班牙、加拿大、日本、英国、美国	18
发展中国家	科威特、阿曼、乌拉圭、巴哈马、圣基茨和尼维斯、巴巴多斯、多米尼加共和国、厄瓜多尔、伊朗、博茨瓦纳、哥斯达黎加、加蓬、赤道几内亚、格林纳达、牙买加、圣卢西亚、毛里求斯、埃及、摩洛哥、斯里兰卡、孟加拉国、玻利维亚、喀麦隆、刚果（布）、科特迪瓦、加纳、洪都拉斯、肯尼亚、尼日利亚、赞比亚、不丹、危地马拉、莱索托、毛里塔尼亚、斯威士兰、叙利亚、贝宁、乍得、刚果（金）、埃塞俄比亚、马达加斯加、马里、尼泊尔、尼日尔、卢旺达、塞内加尔、坦桑尼亚、乌干达、津巴布韦、布隆迪、马拉维、塞拉利昂、多哥	53
	新兴经济体：智利、匈牙利、阿根廷、巴西、中国、哥伦比亚、马来西亚、墨西哥、秘鲁、南非、泰国、土耳其、委内瑞拉、印度、印度尼西亚、巴基斯坦、菲律宾	17

注：分类标准参见 2012 年 7 月 IMF 发布的《世界经济展望》。

表2 主要变量含义及数据来源

变量名	变量符号	计量单位	数据来源
国内生产总值	GDP	百万美元（当前价）	世界发展指标（WDI）
人均 GDP（取对数）	gdppca	美元 （2010 年不变价）	WDI
人均 GDP 增长率	gdppcg	%	WDI
年通货膨胀率	CPI	%	WDI
国内总储蓄率	savings	%	WDI

续表

变量名	变量符号	计量单位	数据来源
人口年增长率	popgrowth	%	WDI
流动性负债与 GDP 之比	lly	%	全球金融发展报告（GFDD）
股票市场市值与 GDP 之比	mcap	%	GFDD
总体政府债务与 GDP 之比	TotDebt	%	Panizza（2008）、IMF
政府内债与 GDP 之比	DomDebt	%	Panizza（2008）、IMF
政府外债与 GDP 之比	ExDebt	%	Panizza（2008）、IMF
官僚质量	burequality	具体评分值	国际国别风险指南（ICRG）
法律秩序	laworder	具体评分值	ICRG
官僚质量与法律秩序的交叉项	icrg	具体评分值	ICRG
贸易开放度	tradeopen	%	WDI

表 3　三类样本国家的分类

国家分类	国家名称	样本数
高收入国家	阿拉伯联合酋长国、澳大利亚、奥地利、比利时、巴林、巴哈马、巴巴多斯、文莱、加拿大、瑞士、智利、塞浦路斯、捷克、德国、丹麦、西班牙、爱沙尼亚、芬兰、法国、英国、希腊、克罗地亚、匈牙利、爱尔兰、冰岛、以色列、意大利、日本、圣基茨和尼维斯、韩国、科威特、立陶宛、卢森堡、拉脱维亚、荷兰、挪威、新西兰、阿曼、波兰、葡萄牙、卡塔尔、沙特阿拉伯、斯洛伐克、斯洛文尼亚、瑞典、塞舌尔、特立尼达和多巴哥、乌拉圭、美国	49
中等收入国家	安哥拉、阿尔巴尼亚、阿根廷、亚美尼亚、阿塞拜疆、孟加拉国、保加利亚、白俄罗斯、伯利兹、玻利维亚、巴西、博茨瓦纳、中国、科特迪瓦、喀麦隆、刚果（布）、哥伦比亚、佛得角、哥斯达黎加、吉布提、多米尼克、多米尼加共和国、厄瓜多尔、埃及、斐济、加蓬、加纳、格林纳达、危地马拉、印度尼西亚、印度、伊朗、牙买加、约旦、哈萨克斯坦、肯尼亚、吉尔吉斯共和国、柬埔寨、老挝、圣卢西亚、斯里兰卡、莱索托、摩洛哥、摩尔多瓦、马尔代夫、墨西哥、马其顿、蒙古、毛里塔尼亚、毛里求斯、马来西亚、纳米比亚、尼日利亚、巴基斯坦、巴拿马、秘鲁、菲律宾、巴布亚新几内亚、巴拉圭、罗马尼亚、俄罗斯、所罗门群岛、萨尔瓦多、塞尔维亚、圣多美和普林西比、斯威士兰、叙利亚、泰国、土库曼斯坦、汤加、突尼斯、土耳其、乌克兰、乌兹别克斯坦、圣文森特、委内瑞拉、越南、瓦努阿图、萨摩亚、也门、南非、赞比亚	82
低收入国家	布隆迪、贝宁、布基纳法索、中非、刚果（金）、科摩罗、厄立特里亚、埃塞俄比亚、几内亚、冈比亚、几内亚比绍、海地、马达加斯加、马里、莫桑比克、马拉维、尼日尔、尼泊尔、卢旺达、塞内加尔、塞拉利昂、乍得、多哥、坦桑尼亚、乌干达、津巴布韦	26

表4 全球40个主要经济体各部门的债务规模

单位：十亿美元

截止日期	非金融部门	一般政府部门	居民和非营利部门	非金融企业部门
2008 - 3 - 31	120227.476	35928.758	37795.437	46571.268
2008 - 6 - 30	120700.473	35357.976	38014.190	47401.645
2008 - 9 - 30	117093.418	34690.183	36578.445	45889.163
2008 - 12 - 31	118081.905	36995.221	35475.646	45649.140
2009 - 3 - 31	116224.901	36813.028	34586.211	44843.402
2009 - 6 - 30	122717.004	39331.627	36354.362	47048.024
2009 - 9 - 30	127970.340	41966.451	37517.405	48495.517
2009 - 12 - 31	128287.436	42393.530	37645.787	48254.521
2010 - 3 - 31	127738.990	42863.559	37149.160	47715.699
2010 - 6 - 30	127114.375	43698.902	36473.170	46928.978
2010 - 9 - 30	135813.721	47195.200	38578.949	50031.881
2010 - 12 - 31	137548.289	47902.273	38993.325	50636.966
2011 - 3 - 31	141628.902	49177.598	39991.743	52445.838
2011 - 6 - 30	145722.787	50925.091	40851.634	53926.925
2011 - 9 - 30	144578.266	51715.817	39807.120	53035.589
2011 - 12 - 31	145362.992	52087.279	39717.767	53528.770
2012 - 3 - 31	148854.517	53198.881	40283.454	55337.108
2012 - 6 - 30	148266.127	53659.578	39726.895	54846.638
2012 - 9 - 30	153414.161	55548.958	40777.630	57055.537
2012 - 12 - 31	154052.922	55604.353	40902.095	57510.218
2013 - 3 - 31	152755.872	54999.005	40304.216	57448.702
2013 - 6 - 30	152556.238	54113.639	40333.158	58106.021
2013 - 9 - 30	156303.057	55142.361	41332.528	59824.577
2013 - 12 - 31	157759.123	55513.827	41739.350	60500.532
2014 - 3 - 31	160471.297	56846.969	41983.791	61632.916
2014 - 6 - 30	163778.440	58169.452	42561.018	63041.415
2014 - 9 - 30	159279.167	56388.307	41221.606	61662.204
2014 - 12 - 31	157277.896	56074.353	40464.864	60728.992
2015 - 3 - 31	154623.771	54929.526	39162.429	60522.090
2015 - 6 - 30	157064.943	54875.441	40161.936	62019.067

截止日期	非金融部门	一般政府部门	居民和非营利部门	非金融企业部门
2015 – 9 – 30	156485.135	54903.696	39801.570	61772.938
2015 – 12 – 31	156961.046	55161.710	39747.930	62043.982
2016 – 3 – 31	164363.690	58724.557	40968.508	64663.350
2016 – 6 – 30	166721.013	60567.836	41340.849	64805.161
2016 – 9 – 30	168924.793	61270.824	42056.424	65590.721
2016 – 12 – 31	162713.617	58086.934	41073.015	63546.843
2017 – 3 – 31	167611.603	59507.537	42211.373	65884.739
2017 – 6 – 30	172878.881	61151.391	43710.186	68009.673
2017 – 9 – 30	177529.974	62688.855	44985.099	69847.947
2017 – 12 – 31	181626.971	63850.844	46086.805	71681.374
2018 – 3 – 31	187513.876	66145.778	47296.129	74063.335
2018 – 6 – 30	182430.028	64038.909	46335.979	72048.559
2018 – 9 – 30	181360.592	63449.213	46543.021	71362.368
2018 – 12 – 31	183557.667	64949.717	47051.881	71550.183
2019 – 3 – 31	187252.759	66282.897	47546.605	73417.477
2019 – 6 – 30	190362.314	67793.094	48320.699	74243.237
2019 – 9 – 30	189807.951	68466.910	47990.974	73345.042
2019 – 12 – 31	194692.630	69663.028	49654.958	75370.058
2020 – 3 – 31	194873.109	70560.879	48426.800	75881.707
2020 – 6 – 30	205704.452	76954.861	49586.472	79159.563
2020 – 9 – 30	213606.008	80399.097	51602.385	81600.788
2020 – 12 – 31	223358.582	84380.656	54283.783	84690.524
2021 – 3 – 31	221328.010	82304.057	54161.361	84858.407
2021 – 6 – 30	227372.595	84468.650	56025.663	86874.929
2021 – 9 – 30	227166.183	84071.116	56283.707	86811.359
2021 – 12 – 31	230047.529	85230.533	57148.693	87668.303
2022 – 3 – 31	230666.320	83951.738	57503.722	89210.860
2022 – 6 – 30	222118.081	78917.270	56103.376	87097.435
2022 – 9 – 30	214166.502	75079.074	54636.722	84450.706
2022 – 12 – 31	224143.047	78705.922	57211.889	88225.237
2023 – 3 – 31	229233.526	81035.112	57773.253	90425.161
2023 – 6 – 30	227422.994	80574.032	57559.532	89289.429

数据来源：国际清算银行（BIS）

表5 全球40个主要经济体各部门的债务规模与GDP之比

单位:%

截止日期	非金融部门	一般政府部门	居民和非营利部门	非金融企业部门
2008 – 3 – 31	216.6	64.7	68.1	83.9
2008 – 6 – 30	209.7	61.4	66.0	82.3
2008 – 9 – 30	198.3	58.8	62.0	77.7
2008 – 12 – 31	202.3	63.4	60.8	78.2
2009 – 3 – 31	205.2	65.0	61.1	79.2
2009 – 6 – 30	223.4	71.6	66.2	85.7
2009 – 9 – 30	236.7	77.6	69.4	89.7
2009 – 12 – 31	232.2	76.7	68.2	87.4
2010 – 3 – 31	224.3	75.3	65.2	83.8
2010 – 6 – 30	218.9	75.2	62.8	80.8
2010 – 9 – 30	230.0	79.9	65.3	84.7
2010 – 12 – 31	228.7	79.6	64.8	84.2
2011 – 3 – 31	229.8	79.8	64.9	85.1
2011 – 6 – 30	228.2	79.7	64.0	84.4
2011 – 9 – 30	219.8	78.6	60.5	80.6
2011 – 12 – 31	218.1	78.1	59.6	80.3
2012 – 3 – 31	220.9	79.0	59.8	82.1
2012 – 6 – 30	220.2	79.7	59.0	81.5
2012 – 9 – 30	228.3	82.7	60.7	84.9
2012 – 12 – 31	227.7	82.2	60.4	85.0
2013 – 3 – 31	224.5	80.8	59.2	84.4
2013 – 6 – 30	222.6	79.0	58.8	84.8
2013 – 9 – 30	226.4	79.9	59.9	86.6
2013 – 12 – 31	226.7	79.8	60.0	86.9
2014 – 3 – 31	229.2	81.2	60.0	88.0
2014 – 6 – 30	231.3	82.2	60.1	89.0
2014 – 9 – 30	222.6	78.8	57.6	86.2
2014 – 12 – 31	220.5	78.6	56.7	85.1
2015 – 3 – 31	219.4	77.9	55.6	85.9
2015 – 6 – 30	226.2	79.0	57.8	89.3

续表

截止日期	非金融部门	一般政府部门	居民和非营利部门	非金融企业部门
2015－9－30	229.5	80.5	58.4	90.6
2015－12－31	232.7	81.8	58.9	92.0
2016－3－31	244.1	87.2	60.9	96.0
2016－6－30	246.5	89.6	61.1	95.8
2016－9－30	247.5	89.8	61.6	96.1
2016－12－31	236.3	84.4	59.6	92.3
2017－3－31	240.4	85.4	60.6	94.5
2017－6－30	245.4	86.8	62.1	96.6
2017－9－30	247.6	87.4	62.7	97.4
2017－12－31	247.6	87.0	62.8	97.7
2018－3－31	248.0	87.5	62.6	98.0
2018－6－30	236.0	82.8	59.9	93.2
2018－9－30	232.9	81.5	59.8	91.6
2018－12－31	234.9	83.1	60.2	91.6
2019－3－31	240.3	85.1	61.0	94.2
2019－6－30	244.1	86.9	62.0	95.2
2019－9－30	241.8	87.2	61.1	93.5
2019－12－31	246.1	88.1	62.8	95.3
2020－3－31	247.5	89.6	61.5	96.4
2020－6－30	268.3	100.4	64.7	103.3
2020－9－30	279.1	105.0	67.4	106.6
2020－12－31	289.5	109.4	70.4	109.8
2021－3－31	279.4	103.9	68.4	107.1
2021－6－30	272.7	101.3	67.2	104.2
2021－9－30	264.6	97.9	65.6	101.1
2021－12－31	261.7	96.9	65.0	99.7
2022－3－31	257.6	93.8	64.2	99.6
2022－6－30	245.4	87.2	62.0	96.2
2022－9－30	235.6	82.6	60.1	92.9
2022－12－31	246.7	86.6	63.0	97.1
2023－3－31	250.7	88.6	63.2	98.9
2023－6－30	246.6	87.4	62.4	96.8

数据来源：国际清算银行（BIS）

表6 2007—2023 年中、美、日、欧政府部门债务规模与 GDP 之比

单位:%

截止日期	中国	美国	日本	欧元区
2007 – 12 – 31	29.3	60.6	143.5	66.9
2008 – 3 – 31	28.6	62.9	144.7	68.0
2008 – 6 – 30	27.8	61.0	144.2	67.0
2008 – 9 – 30	27.3	64.3	144.4	68.0
2008 – 12 – 31	27.1	71.4	148.3	72.3
2009 – 3 – 31	29.3	74.4	152.9	76.3
2009 – 6 – 30	31.4	75.6	159.4	79.5
2009 – 9 – 30	33.2	79.6	163.4	82.5
2009 – 12 – 31	34.6	81.2	167.3	83.4
2010 – 3 – 31	34.4	84.0	168.8	85.7
2010 – 6 – 30	34.2	87.8	173.1	86.9
2010 – 9 – 30	34.0	90.7	173.0	87.3
2010 – 12 – 31	33.7	90.6	174.6	87.6
2011 – 3 – 31	33.7	90.7	174.6	87.5
2011 – 6 – 30	33.6	90.9	179.9	88.1
2011 – 9 – 30	33.5	97.3	183.4	89.0
2011 – 12 – 31	33.6	99.3	187.7	88.4
2012 – 3 – 31	33.7	99.2	189.1	91.9
2012 – 6 – 30	34.0	101.2	191.8	93.5
2012 – 9 – 30	34.3	101.7	193.5	95.7
2012 – 12 – 31	34.5	102.2	194.9	98.6
2013 – 3 – 31	35.3	102.8	199.3	100.2
2013 – 6 – 30	36.0	98.4	198.8	100.8
2013 – 9 – 30	36.7	97.3	199.6	100.0
2013 – 12 – 31	37.3	98.0	200.3	100.2
2014 – 3 – 31	38.1	99.6	199.9	103.0
2014 – 6 – 30	38.8	98.9	202.3	104.9
2014 – 9 – 30	39.5	98.7	203.4	105.4
2014 – 12 – 31	40.2	100.3	208.7	106.1
2015 – 3 – 31	40.6	100.2	207.2	109.3

续表

截止日期	中国	美国	日本	欧元区
2015 - 6 - 30	40.9	96.8	206.1	104.5
2015 - 9 - 30	41.3	97.0	204.7	104.8
2015 - 12 - 31	41.7	99.2	205.6	103.7
2016 - 3 - 31	44.3	102.1	210.9	106.4
2016 - 6 - 30	46.6	102.8	216.1	107.2
2016 - 9 - 30	48.8	102.7	214.1	106.0
2016 - 12 - 31	50.8	100.0	211.5	103.1
2017 - 3 - 31	51.9	98.5	211.4	102.1
2017 - 6 - 30	53.0	97.5	211.9	101.7
2017 - 9 - 30	53.9	98.6	211.1	100.6
2017 - 12 - 31	54.9	98.1	211.2	99.1
2018 - 3 - 31	55.3	98.6	210.7	99.2
2018 - 6 - 30	55.7	97.0	210.8	97.5
2018 - 9 - 30	56.1	96.3	209.0	96.4
2018 - 12 - 31	56.5	98.5	212.5	95.8
2019 - 3 - 31	57.7	98.9	215.8	97.5
2019 - 6 - 30	58.6	99.1	217.9	98.7
2019 - 9 - 30	59.7	103.0	216.8	100.1
2019 - 12 - 31	60.8	102.9	217.0	96.6
2020 - 3 - 31	64.7	109.9	217.5	98.6
2020 - 6 - 30	67.3	124.4	230.0	109.1
2020 - 9 - 30	69.4	126.8	235.8	112.5
2020 - 12 - 31	71.3	128.8	237.8	113.7
2021 - 3 - 31	70.5	125.1	236.1	114.0
2021 - 6 - 30	70.5	122.1	233.7	110.9
2021 - 9 - 30	71.2	118.6	231.9	109.8
2021 - 12 - 31	71.7	119.2	231.6	106.9
2022 - 3 - 31	72.5	114.2	234.1	102.2
2022 - 6 - 30	74.0	107.1	234.0	95.4
2022 - 9 - 30	75.1	102.4	231.4	90.6
2022 - 12 - 31	76.7	102.0	228.1	87.5
2023 - 3 - 31	78.1	102.5	231.7	88.2
2023 - 6 - 30	79.4	102.3	230.3	87.3

数据来源：国际清算银行（BIS）

表7　2007—2023年中、美、日、欧非金融企业部门债务规模与GDP之比

单位:%

截止日期	中国	美国	日本	欧元区
2007 - 12 - 31	94.3	70.1	98.8	92.4
2008 - 3 - 31	94.8	70.8	98.4	93.4
2008 - 6 - 30	94.2	71.7	99.2	94.5
2008 - 9 - 30	93.9	72.2	99.7	95.7
2008 - 12 - 31	93.9	72.6	103.5	96.0
2009 - 3 - 31	105.6	72.3	104.3	97.7
2009 - 6 - 30	113.6	72.4	105.1	98.8
2009 - 9 - 30	116.3	71.9	106.1	99.3
2009 - 12 - 31	116.9	70.4	106.8	99.8
2010 - 3 - 31	117.9	69.8	105.4	100.0
2010 - 6 - 30	118.9	68.6	104.1	100.3
2010 - 9 - 30	118.4	68.0	102.6	99.5
2010 - 12 - 31	117.8	66.9	101.5	100.2
2011 - 3 - 31	117.7	66.3	100.6	99.1
2011 - 6 - 30	117.2	66.1	100.2	99.4
2011 - 9 - 30	115.8	66.0	101.0	99.2
2011 - 12 - 31	117.0	66.1	101.2	101.9
2012 - 3 - 31	120.2	65.8	100.5	102.9
2012 - 6 - 30	122.4	65.9	97.7	104.0
2012 - 9 - 30	125.0	66.3	98.7	104.2
2012 - 12 - 31	127.6	66.8	99.6	102.5
2013 - 3 - 31	132.7	66.6	99.4	102.9
2013 - 6 - 30	134.7	67.0	98.0	102.6
2013 - 9 - 30	136.9	67.4	98.1	102.2
2013 - 12 - 31	137.5	67.3	98.2	101.2
2014 - 3 - 31	141.3	67.9	97.2	102.8
2014 - 6 - 30	143.9	68.1	95.9	103.6
2014 - 9 - 30	144.1	68.3	96.4	103.6
2014 - 12 - 31	145.8	68.9	97.1	103.9
2015 - 3 - 31	149.5	69.3	96.0	110.0

截止日期	中国	美国	日本	欧元区
2015－6－30	151.5	70.1	94.0	109.0
2015－9－30	154.1	70.4	93.7	108.6
2015－12－31	158.4	70.8	94.3	107.4
2016－3－31	161.9	71.8	93.2	108.1
2016－6－30	160.7	72.2	93.5	108.7
2016－9－30	159.5	72.7	94.7	108.5
2016－12－31	159.5	72.3	95.7	107.9
2017－3－31	161.1	73.0	96.2	108.6
2017－6－30	159.3	73.6	95.4	107.2
2017－9－30	158.0	73.7	95.6	106.1
2017－12－31	156.4	74.3	95.8	105.4
2018－3－31	156.4	74.2	95.1	104.5
2018－6－30	154.0	75.3	95.5	104.2
2018－9－30	151.5	75.0	96.8	104.0
2018－12－31	149.1	75.3	98.0	102.0
2019－3－31	152.4	75.8	98.7	102.3
2019－6－30	151.4	75.8	99.2	102.3
2019－9－30	150.9	75.8	100.5	102.6
2019－12－31	150.1	75.3	101.8	101.2
2020－3－31	159.9	78.7	103.0	102.7
2020－6－30	163.4	83.2	112.7	108.7
2020－9－30	163.4	83.1	114.7	109.9
2020－12－31	161.0	83.3	115.9	110.4
2021－3－31	159.6	83.7	116.3	111.4
2021－6－30	156.9	81.7	115.2	108.1
2021－9－30	155.0	80.5	115.1	107.0
2021－12－31	152.0	79.7	116.6	106.2
2022－3－31	155.9	79.8	116.5	104.7
2022－6－30	158.0	79.3	116.9	103.2
2022－9－30	158.2	78.2	117.7	103.5
2022－12－31	158.1	77.7	118.7	100.7
2023－3－31	165.1	77.4	117.3	98.1
2023－6－30	166.0	76.5	116.2	97.0

数据来源：国际清算银行（BIS）

表8 2007—2023 年中、美、日、欧居民和非营利部门债务规模与 GDP 之比

单位:%

截止日期	中国	美国	日本	欧元区
2007 – 12 – 31	18.9	98.7	60.0	59.8
2008 – 3 – 31	18.8	98.7	59.8	59.6
2008 – 6 – 30	18.6	97.5	59.8	60.1
2008 – 9 – 30	18.4	97.7	59.9	60.2
2008 – 12 – 31	17.9	96.1	60.3	60.8
2009 – 3 – 31	18.9	95.9	61.4	61.6
2009 – 6 – 30	20.6	96.5	62.3	62.8
2009 – 9 – 30	22.4	97.1	63.1	63.7
2009 – 12 – 31	23.5	96.9	63.5	64.4
2010 – 3 – 31	25.6	95.7	63.0	64.3
2010 – 6 – 30	26.7	94.3	62.6	64.3
2010 – 9 – 30	27.2	92.8	61.7	64.0
2010 – 12 – 31	27.3	91.7	61.2	64.0
2011 – 3 – 31	27.7	90.6	61.1	63.4
2011 – 6 – 30	28.0	89.4	61.4	63.4
2011 – 9 – 30	27.9	88.6	61.6	63.2
2011 – 12 – 31	27.8	87.8	61.8	63.1
2012 – 3 – 31	28.0	86.4	61.4	62.8
2012 – 6 – 30	28.5	85.3	61.1	62.9
2012 – 9 – 30	29.4	84.5	61.1	62.7
2012 – 12 – 31	29.8	83.5	61.4	62.7
2013 – 3 – 31	30.8	82.6	61.7	62.4
2013 – 6 – 30	32.1	82.1	61.8	62.2
2013 – 9 – 30	33.0	81.7	61.4	62.0
2013 – 12 – 31	33.3	81.8	61.3	61.6
2014 – 3 – 31	34.1	81.0	61.2	61.1
2014 – 6 – 30	34.9	80.5	60.8	60.7
2014 – 9 – 30	35.4	79.4	60.7	60.3
2014 – 12 – 31	35.7	79.0	60.8	60.2
2015 – 3 – 31	36.4	77.9	60.5	59.8

续表

截止日期	中国	美国	日本	欧元区
2015 - 6 - 30	37. 3	77. 7	60. 2	59. 5
2015 - 9 - 30	38. 2	77. 7	59. 7	59. 2
2015 - 12 - 31	38. 8	77. 2	59. 5	58. 9
2016 - 3 - 31	39. 9	76. 8	59. 3	58. 5
2016 - 6 - 30	41. 6	77. 1	59. 4	58. 5
2016 - 9 - 30	43. 1	77. 5	59. 6	58. 5
2016 - 12 - 31	44. 2	77. 4	59. 8	58. 3
2017 - 3 - 31	45. 4	76. 9	60. 1	58. 1
2017 - 6 - 30	46. 6	77. 0	60. 2	58. 0
2017 - 9 - 30	47. 7	76. 9	60. 1	57. 8
2017 - 12 - 31	48. 1	77. 0	60. 3	57. 6
2018 - 3 - 31	48. 9	76. 2	60. 4	57. 1
2018 - 6 - 30	49. 8	75. 8	60. 5	57. 1
2018 - 9 - 30	50. 9	75. 6	60. 8	57. 1
2018 - 12 - 31	51. 5	75. 4	61. 4	57. 1
2019 - 3 - 31	52. 5	74. 8	61. 7	57. 0
2019 - 6 - 30	53. 5	75. 0	61. 9	57. 2
2019 - 9 - 30	54. 6	75. 1	62. 0	57. 2
2019 - 12 - 31	55. 5	75. 1	62. 5	57. 2
2020 - 3 - 31	57. 5	74. 8	63. 0	57. 6
2020 - 6 - 30	59. 4	76. 0	65. 0	59. 7
2020 - 9 - 30	61. 2	77. 2	66. 5	60. 8
2020 - 12 - 31	61. 9	78. 3	67. 6	61. 8
2021 - 3 - 31	61. 5	78. 3	68. 3	62. 0
2021 - 6 - 30	61. 3	78. 6	67. 6	60. 6
2021 - 9 - 30	61. 4	78. 2	67. 5	60. 1
2021 - 12 - 31	61. 3	77. 7	68. 0	59. 3
2022 - 3 - 31	61. 1	76. 5	67. 9	58. 6
2022 - 6 - 30	61. 3	76. 2	68. 1	58. 2
2022 - 9 - 30	61. 5	75. 8	68. 1	57. 7
2022 - 12 - 31	61. 3	75. 3	68. 4	56. 9
2023 - 3 - 31	62. 0	74. 1	68. 0	55. 9
2023 - 6 - 30	62. 0	73. 7	67. 5	55. 2

数据来源：国际清算银行（BIS）

表9 中、美、日、欧非金融部门债务规模与GDP之比

单位:%

截止日期	中国	美国	日本	欧元区
2007 – 12 – 31	142.5	229.4	302.3	219.1
2008 – 3 – 31	142.3	232.4	302.9	221.1
2008 – 6 – 30	140.8	230.2	303.1	221.6
2008 – 9 – 30	139.7	234.2	304.0	223.9
2008 – 12 – 31	139.0	240.1	312.1	229.0
2009 – 3 – 31	154.0	242.6	318.5	235.6
2009 – 6 – 30	165.7	244.4	326.7	241.2
2009 – 9 – 30	172.1	248.6	332.5	245.4
2009 – 12 – 31	175.1	248.6	337.6	247.6
2010 – 3 – 31	178.0	249.5	337.3	249.9
2010 – 6 – 30	179.9	250.7	339.7	251.5
2010 – 9 – 30	179.6	251.5	337.3	250.8
2010 – 12 – 31	178.8	249.2	337.3	251.7
2011 – 3 – 31	179.1	247.6	336.3	250.0
2011 – 6 – 30	178.8	246.4	341.5	251.0
2011 – 9 – 30	177.2	251.9	346.0	251.4
2011 – 12 – 31	178.4	253.1	350.7	253.4
2012 – 3 – 31	181.9	251.4	351.0	257.6
2012 – 6 – 30	184.9	252.3	350.6	260.4
2012 – 9 – 30	188.7	252.4	353.4	262.6
2012 – 12 – 31	191.9	252.5	355.9	263.9
2013 – 3 – 31	198.8	252.0	360.4	265.5
2013 – 6 – 30	202.8	247.5	358.6	265.6
2013 – 9 – 30	206.6	246.5	359.0	264.3
2013 – 12 – 31	208.1	247.1	359.7	263.0
2014 – 3 – 31	213.5	248.5	358.3	266.8
2014 – 6 – 30	217.6	247.5	359.0	269.2
2014 – 9 – 30	218.9	246.4	360.4	269.4
2014 – 12 – 31	221.7	248.2	366.5	270.1
2015 – 3 – 31	226.5	247.4	363.8	279.1
2015 – 6 – 30	229.8	244.7	360.2	273.0

截止日期	中国	美国	日本	欧元区
2015 – 9 – 30	233. 6	245. 2	358. 2	272. 6
2015 – 12 – 31	239. 0	247. 2	359. 4	270. 0
2016 – 3 – 31	246. 1	250. 7	363. 5	273. 0
2016 – 6 – 30	248. 9	252. 0	369. 1	274. 5
2016 – 9 – 30	251. 5	252. 9	368. 4	273. 0
2016 – 12 – 31	254. 4	249. 7	367. 0	269. 3
2017 – 3 – 31	258. 4	248. 4	367. 7	268. 8
2017 – 6 – 30	258. 9	248. 0	367. 5	267. 0
2017 – 9 – 30	259. 7	249. 2	366. 8	264. 4
2017 – 12 – 31	259. 4	249. 4	367. 2	262. 0
2018 – 3 – 31	260. 6	249. 0	366. 3	260. 7
2018 – 6 – 30	259. 5	248. 1	366. 8	258. 8
2018 – 9 – 30	258. 4	246. 9	366. 5	257. 5
2018 – 12 – 31	257. 2	249. 2	372. 0	255. 0
2019 – 3 – 31	262. 6	249. 6	376. 2	256. 7
2019 – 6 – 30	263. 5	250. 0	378. 9	258. 2
2019 – 9 – 30	265. 2	253. 9	379. 3	259. 9
2019 – 12 – 31	266. 3	253. 3	381. 3	255. 0
2020 – 3 – 31	282. 1	263. 3	383. 4	258. 9
2020 – 6 – 30	290. 1	283. 6	407. 7	277. 5
2020 – 9 – 30	294. 1	287. 2	417. 0	283. 2
2020 – 12 – 31	294. 1	290. 4	421. 3	286. 0
2021 – 3 – 31	291. 5	287. 0	420. 6	287. 3
2021 – 6 – 30	288. 7	282. 3	416. 4	279. 6
2021 – 9 – 30	287. 6	277. 3	414. 5	276. 9
2021 – 12 – 31	285. 0	276. 6	416. 1	272. 5
2022 – 3 – 31	289. 5	270. 5	418. 5	265. 5
2022 – 6 – 30	293. 3	262. 6	418. 9	256. 7
2022 – 9 – 30	294. 8	256. 4	417. 3	251. 8
2022 – 12 – 31	296. 1	255. 0	415. 3	245. 2
2023 – 3 – 31	305. 1	254. 1	417. 0	242. 2
2023 – 6 – 30	307. 5	252. 5	414. 0	239. 5

数据来源：国际清算银行（BIS）

后　记

　　政府债务与经济增长的关系一直是宏观经济学界关注的热点议题，也是我读博期间重点研究的领域。自从 2018 年博士毕业进入商务部国际贸易经济合作研究院工作以来，因工作需要，我的研究方向有所调整，开始转向了跨境电商和数字贸易。我尽管后来未把政府债务与经济增长问题继续作为我的主要研究领域，但是也一直在关注，而且还在 2021 年和 2022 年连续发表了两篇与债务相关的学术论文。出于对政府债务和经济增长问题的浓厚兴趣，我在博士论文基础上继续修改完成了这本书。

　　本书能够顺利完成，首先要感谢我的博士生导师孙杰研究员。孙老师治学严谨、视野开阔、为人谦逊、关爱学生，是我终生学习的榜样。无论是从选题到框架设计，从文献检索到数据搜集，还是从模型调试到结果分析，孙老师总能高屋建瓴，给予我无微不至的指导和帮助。可以说，这本书倾注了孙老师无数的心血和智慧。此外，我还要感谢对我这本专著的相关内容提出修改意见和给予帮助的老师们，他们是张宇燕老师、高海红老师、姚枝仲老师、张斌老师、宋泓老师等。师恩难忘，刻骨铭心！他们对本书的结构框架、相关内容提出了许多宝贵的修改建议，在此表示诚挚的感谢。

　　其次，我还要衷心地感谢父母一直以来对我的支持和栽培。多年来，无论我做出什么决定，父母均尊重我的选择并竭尽所能给我提供帮助。作为儿子，我本该多陪伴父母，让他们尽享天伦之乐。但是，因多年在外求学、工作，陪伴父母的机会甚少，不仅如此，还让父母担心挂念。父母自始至终给予我无私的关怀与支持，这是对我最好的抚慰。

最后，特别感谢中国商务出版社的周青老师和李鹏龙老师为本书的编辑和出版付出的辛勤努力，在此表示深深的谢意。

赵新泉

2024 年 3 月 20 日